耽讀

梁漱溟访谈录

梁漱溟 口述　　白吉庵 撰著

人民出版社

责任编辑:罗少强

装帧设计:周涛勇

图书在版编目(CIP)数据

梁漱溟访谈录/梁漱溟 口述;白吉庵 撰著. —北京:
  人民出版社,2017.1(2017.8 重印)
ISBN 978－7－01－016908－8

Ⅰ.①梁… Ⅱ.①梁…②白… Ⅲ.①梁漱溟(1893－
  1988)-访谈录 Ⅳ.①K825.4

中国版本图书馆 CIP 数据核字(2016)第 271785 号

梁漱溟访谈录
LIANGSHUMING FANGTANLU

梁漱溟 口述 白吉庵 撰著

人民出版社 出版发行
(100706 北京市东城区隆福寺街 99 号)

北京新华印刷有限公司印刷 新华书店经销

2017 年 1 月第 1 版 2017 年 8 月北京第 2 次印刷
开本:787 毫米×1092 毫米 1/32 印张:8.125
字数:100 千字 印数:6,001-9,000 册

ISBN 978－7－01－016908－8 定价:35.00 元

邮购地址 100706 北京市东城区隆福寺街 99 号
人民东方图书销售中心 电话 (010)65250042 65289539

白吉庵同志存念
一九八〇年六月
梁漱溟贈

梁漱溟与白吉庵

目　录

初版序

这份"访谈录"是我当年采访梁漱溟先生的笔记。原来是为了给梁老写传记时参考用的,并非是为了公开发表,因此没详细记录,更没有用录音,而只是听梁老在讲他过去的生平往事,我坐在一旁以膝为写字板,扼要地记下他的谈话内容。当时还有一种心情,认为若有不清楚的地方,将来还可以向他老人家当面请教。然而,事与愿违,由于种种原因,我未能在梁老在世时写出他的传记来,请他过目指正,实在是遗憾得很。

在梁老去世后,我虽完成了《中国现代社会科学家传略》主编高增德先生的约稿,但又遇到出版上的困难。该书因出版环境的变化,出到第十辑,便不能继续往下出了。于是,我的这份稿子从1995年

8月一直存放在先生的书斋中。

近来，山西人民出版社有编辑来约稿，称他们社愿意出版梁先生的传记，请我将"访谈录"整理出来，作为单行本，一块推出。这倒使我为难了，因为这份"访谈录"只是作为我个人写作时的参考资料，公开发表，恐怕是不够连贯和全面的，而且时间上也不一致，给人以断烂朝报之嫌，故此我认为不可。然而他们却认为，就按原样，怎么记录，就怎么拿出来，不要修饰，并称这样的第一手资料，更有价值。

出版者既有此偏爱，我就不好再推辞了，于是请人照原样，按日期的顺序抄写一份，在个别词句及标点上，我略有疏通，就将此稿交给出版社了。我原来的计划是想利用这份资料写一个大传的，但现在看来客观形势不能等人，在各方催促下，我把这份"访谈录"贡献给学术界，请大家来共同研究和讨论，并请给予批评指正。

"访谈录"后面所附的资料，是我当年阅读梁老的"日记"和"札记"而摘录下来的，也是我认为重要的准备，写传记时要采用的资料。为了完整起见，也请人代抄一份，和盘托出供大家研究。有一点要说明，这份资料，在梁先生"全集"未出版以前，显然是难得的。今天，"全集"虽然已出，其中"日记"、"札记"也公之于世，但有个别地方与我所记，还是有些不同之处。问题虽没有什么，但从中还是可以看出原作者的语气和态度是有变化的。为了存真，便于参考，故一并整理出来，供大家参考，并请指正。

1996 年 10 月于东厂胡同

访谈录

1985年7月27日 下午2：30—5：30

谈自己的情况

《观察》有记载我的自学小史，我的最近言论集，年谱。还有香港一位姓胡的也搞年谱。又有美国朋友，哀力愁（即艾恺）会写中文，说北京话，来往多年，他写了一大本英文《梁××传》，中文标名《梁漱溟传》（《最后的儒家》，英文名称），没有翻译。一个孙子拿去看，不在手边。同样的不止一本。旅居在美国的朋友，看到买来送我的。同一书先后得到三本。一本送给香港《大公报》图书馆费彝民；一本给上海市长汪道涵拿去看了，现在我手边没有。

谈章士钊（行严）事

（因我写的《章士钊传略》已在《晋阳学刊》上

刊出，就文章的内容，他谈对章的看法。）

　　行严夫人吴弱男是清末一位大将吴长庆之孙女。当年吴帅率两万大军驻朝鲜，下有中年营长，此人是袁世凯，二人关系不浅。吴的儿子吴彦复是名士，有两女，留学日本东京，名弱男与亚男。弱男在东京与行严相遇、恋爱、结婚。1949年新中国成立后，行严住东城八条，朱家的房子。朱与章二人早有关系。清末有译学馆，那时朱主持之，此属京师大学堂，另有仕学馆，也属大学堂。那时他与人结交，后来才有住朱家的事。1950年至1952年之间，二人一同出游，逛公园，不说一句话，在中山公园。社稷堂是在朱启钤的手里开辟的。有一天出游到公园，不说话。那时有人力车即"东洋车"，由日本传来的叫"东洋车"，后略之为洋车。两位坐这种车游公园，回家下车。正在下车时，（笑）行严一下被一个女孩子的自行车撞倒了，特别撞在眼睛上，眼珠歪了，受伤，送医院。这件事为毛主席知道，毛主席一面派人慰问，一面指定一辆汽车专给行严先生用。我常去看他。

行严先生到香港是有使命去的。我记得费彝民每年一次或两次来北京，向中央接洽。来京见……，同时看看北京朋友，他就去看过行严先生。章除正太太，姬妾至少两个，不住一起。吴夫人很多时间没同行严住，自己到上海另外过，因为行严有姬妾的关系。费彝民到北京看到章老，章托付他说，我身边姨太太新过去，你把香港那个帮忙一下，送上飞机来北京，陪伴我。这个话，费彝民当然要办了，要这样办。他向……辞行回香港，说到这事。……说，你不要这样办。相反地，要香港支一笔款，弄一所房子，给她在那里安家，因为我们要派行严到香港。关于要派行严到香港的话，因我常去他那里走动，行严告诉我他要去香港。告诉我他去的使命，经过香港到台湾。提了两个人，一个是黄杰，是军人，湖南人。党中央、总理要我去香港到台湾，黄杰在香港（是学生）；一个在外交方面，魏道明。此二人都是我的后辈，

9

要我去香港，再去台湾，对台湾做工作。这些话都是行严亲自对我讲的。他之所以去香港，是有意义、有使命的，使命在由香港到台湾，不想病故在香港，没有去得成。我记得他死后，香港殷夫人来过北京，住北京饭店。

我经常去看行严先生。他耳聋了，总理送他一个很好的助听器，他又不愿意戴，不喜欢戴。我每次去看他，就不好谈话，他听不见，他总是对面坐，给我笔纸写，他口答。有王秘书在旁边，我跟王说过，怎么不给行严先生搞个年谱呢？把有关大局的或者有关学术的记一记。王秘书说不好搞，出处进退之间有矛盾，立场前后不一致。他说，章老本人也不愿意搞这些东西，总说你不用搞，没有搞出来。行严先生，头脑聪明极了，在欧洲有好些年，在英国较多，也去过其他国家。他有一小本书，虽内容不多，但很有价值。西方有一个弗洛伊德精神分析学，章写过小册子，介绍此学说。我看过有关他的书，其中有许多很古怪的事情。找弗洛伊德的人，妇女居多。奇怪的一件事情，一个女人不断地来找弗氏。记载里说这个女人今天来是一个人，明天来身体不变，但精神不是了，两个人格利用一个身体。这是他书里说的事情。

我同行严先生来往，刚才已经说到一些，我还可说一些没说的。我与章的关系，当然我是后辈。可是我在中学里读书时，十几岁，中学也有一个相当不小的阅览室，主要都是国内的报刊，一方面是北京的了，再有是上海的，这两方面的多。当时有《帝国日报》，湖南人办的，说不准是欧阳什么，记不准，常登行严从欧洲寄来的文章。有长篇论文，十几岁中学生，很少人看，但我爱看。我记得讨论中国要行立宪制度、开国会、一院制或两院制等。这种政治性论文（我问在哪里。说在北京顺天中学读书，后改成顺天府高等学堂，毕业于高等学堂，受学堂教育，只有如此了），我喜欢读，还有《旅欧通讯》长篇连载。这些文章是署名秋桐，但我不知其真姓名。不久，看梁任公在日本出版的《国风报》，梁署名沧江。有杜诗一句："一卧沧江惊岁晚。"故用沧江为笔名。在这报刊上，我发现一篇文章，题目叫《论译名》。因为过去翻译西洋的书，严复提出翻译外文，好不好，标准有三个字，就是"信、达、雅"。行严先生写给《国风报》的文章，就是讨论"信、达、雅"的问题，作者署名为民质。我一看，断定民质就是秋桐。总起来说，未见过面，书信有来往。他在东京出《甲寅》，登过我的一些不重要的文字，短的，其中通讯式。我爱读他的文章，写信给他，他回信告诉我，写点东西给他。我没有写过成篇像样的东西，收到他十几封信，可惜丢失不存了！只是在书札上有来往。后来见面了。第一次见面是他代表护国军倒袁之后，军务院实际是……（我提出这段讲过了。）

随便讲罢，讲他的私生活。

他的私生活，原配夫人吴弱男，姬妾有两个，不住一起，身边有一个。再说这么两点：首先，红卫兵到处抄家，总理照顾章老非常周到，特别把行严先生送到陆军总医院，特辟一个房间，把行严先生保护起来。他与毛主席的关系，重点有这么一件事：早期毛是学生时，在长沙第一师范时，有一个教员，比其他教员年岁较大，其实也不大，不过五十岁，这人叫杨昌济。在北大文科哲学系任教授时，跟我同事，我讲印度哲学，怀中先生比我年长很多，我二十五岁，大概他有五十岁样子。他与章都是湖南人，又在英国同学，很熟，湖南乡亲，在外国就很亲切。另外有杨笃生，他们对清廷革命，所以杨笃生就学习研究造炸弹。据传他有毛病，投海死了。这是附带说的。主要是后面的事。行严在上海《民立报》（主持人于右任）写论文署名，就用行严。他提出来要用"逻辑"两个字，代替过去严复用"论理学"、"名学"，用外国音"logic"翻译。讲中国翻译印度佛经，以唐三藏好，常用音译，意义用中文翻都不恰当，用音为好。

底下要说的，他在《民立报》，主持人是于右任，都是国民党。跟孙先生是朋友或是学生？记不清了。大家公认《民立报》代表国民党，是左翼，右翼是梁启超。大家都认为是同盟会的机关报，可是当时有个实际问题，实际问题就是孙先生的临时大总统要让位袁世凯，不得不让。袁掌握北洋军队，实力很强，而袁本人，他一面跟南方革命派议和，一面又欺负当时清廷。当时，革命派无论湖北黎元洪、南京黄兴、国外回来的孙中山都没有实力，也没勇气用兵北伐，所以，临时大总统让给了袁世凯，但有个条件，定都南京，袁南下就职。后来南京派了欢迎专使六人如蔡元培、宋教仁、汪精卫等人去欢迎袁南下就职。这本是很好的策略，叫他离开他的老巢。当时党内一致意见，唯独行严先生单独持异议，说：就国家说，应该定都北京为好。这与党内的意见不合了！这时，孙先生左右和党内的人，都对他不满意，讲了很多理由。我们广西同乡马君武先生，他这个人，性情有点急躁，他要打章行严，认为我们党都一致意见，你一个人独持异议，反对孙总理，打你，并且我要追查你的历史，你不是党员。这确是事实，章不是党员。所以我们的报纸，不应当要你办，我要赶你出去。就这样，行严先生不得不离开《民立报》。

他自己总还要有一个发表言论的刊物，单独办又没有钱，条件不够。这就追溯到过去，在日本东京的时候，孙先生领导的中华革命党，孙要党徒必须忠于孙先生，签名打手印。这个事情，行严先生不干。

后来办了一个《独立周报》，宣称我向来是独立的。马君武说我不是党员。对，我不是党员，但这是拒绝的。他在《独立周报》发刊词里，说了过去的历史，并说自己的事实，有证人给我证明。这证人，谁都承认他是正人君子，这就是杨昌济，杨怀中先生，他可证明这事。证明章太炎、张继都是年长我的老大哥，曾强迫我按手印，我不干，在东京小屋加上锁，要我承认，才放出来。这样一个经过，杨昌济先生可以证明。刚才说的是办《周报》的发刊词，附有杨的信在后面。这是他办《周报》头一册的文章和杨出来证明的事实。那么，从北京《帝国日报》、上海《民立报》到《独立周报》，我都爱他的文章，所以一点不落地都要买来读他的东西。后来我在北京大学文科哲学系教书时，跟杨怀中同事。杨从英国回来，他也在文科。他讲两门课，一个伦理学，另一个是西洋伦理学史。杨本人住家在北京地安门鼓楼东边豆腐池胡同，我去过。毛泽东民国八年（1919）来北京也住在此。大致说到这里。

其次，谈点章与李大钊的关系。因我同行严、李大钊比较熟，我与李常到他家去，李常教他子女章可、章因。后来李大钊被害，停在下斜街长椿寺。我去看过并通电话给吴弱男，另买了一口好棺木装殓。之前，李大钊被捕，我去找章行严。我说难以救出，家属我们可以写字保释出来，死者也不挂念了。章没同意这个话。他说，他同杨宇霆很熟，他找杨可以救出李先生。他没听我话，他与杨说，也没成功。

（谈了三个小时，一口气下来，保姆催停三四次，梁老摆手，精神很好。）

我是很佩服行严的思想、头脑周密、精细，人格又这样有独立性。和我多次通信，他有回信。可是末后，他为了倒袁，时任西南军务院秘书长，来北京，住魏家胡同，要紧的事，与北京政府要一笔款，结束军务院。这是我同他第一次见面。过去通信，一见面我失望了。因为见面时，他是代表南方来北京，北京有许多湖南的乡亲、朋友在他家吃饭，我也参与吃饭。可是，我一看就失望，怎么呢？来的客人大谈其书画，拿出一卷一轴的名人长联、对条给大家看，我大失所望。我认为国家正在一个危难的时候，正是南北政府对峙、要结束未结束之时，北方也还有直系、皖系如此等等。国家不统一，人们生活还在苦难的深渊，你怎么搞这些字画，这不对。暂时说这些。

（保姆先后七八次来催停，但均遭梁先生拒绝。后来双方都怒目以对。我感到为难。最后走时，是梁先生送我，保姆在厨房，生气了。保姆说，从来没有谈这么长时间，大热天，我真担心！梁先生老挥手叫她走开，有几次怒目并以命令语气说：你走！这次谈话，有些新东西，有些是重复。）

1985年8月11日　下午

这里有错（指1922年成立好人政府事）。我与李大钊主张相同，发起"废督裁军"。还有友人蒋百里，也主张相同。百里先生写了《裁军计划》，我们奔走。胡适未参加。后来成立好人政府，被人笑话，称为"蓬莱内阁"。有两个蓬莱。另一个是孙丹林、高恩洪组织的，后台是吴佩孚，成立在好人政府之后。这跟我与李大钊没有关系。开头有奔走裁兵，计划裁兵，这跟李大钊有点关系。他有个好友白坚武在吴帐下，向吴介绍李大钊。守常因白之敦请，两次去洛阳同吴见面，也许三次，后来被人笑话这事。虽然出现在胡适等人宣言之后，确实我与守常未参加。开始倡导时参加了。

黎元洪此公有"泥菩萨"之称，常常是被动者。

武昌起义，黎出来是被动的，缺乏革命意识，更谈不到主张。黎元洪后来成为正式总统。袁帝制拥护者主要是段芝贵、雷震春、陆建章这些人，而反对袁的最有力者、公开的第一个是段祺瑞，声言反对。段本是陆军总长，失辞，隐居西山。搞帝制者派人刺杀其未成。袁慰问送人参给他。袁要帝制，更改国家制度，废国务院，集权总统府，内设政事堂，可以自立了。有国务卿、左右丞、八参议，好几个局，其中有机要局，局长是信任的张一麐，正派人，但反对袁称帝，矛盾，很有障碍。袁升他为教育总长，撤其机要职。

袁失败主要是西南反对，有力人物是蔡锷和蔡的老师梁任公，是师生合作，一面密谋行动，一面搞公开的。袁要帝制，他找外国顾问，大造舆论，一是古德诺（美国人），一是有贺长雄（日本人），请来在北京，替他鼓吹中国需要帝制。一个取巧的说法，改变国体不改变政体（总统变皇帝，立宪政体），君主立宪政权，所改不过国体而已。这时，梁启超发表文章《异哉！所谓国体问题者》批驳，发表在天津。当时袁送二十万，梁不接受，同时跟蔡锷密谋倒袁。蔡锷当时在北京任官职，好像是军械局督办，袁拿高官厚禄笼络他，他顾着天大的志，在北京出入八大胡同，小凤仙实有其人的，使人不防避他。后跑到日本，在日本几个大城市。人离开这大城市了，还发信给北京袁世凯。袁收到以为是真的，其实他去了西南，在西南准备反袁的。准备了的有广西的陆荣廷、云南的唐继尧、贵州的刘显世。他们早已做好了准备，待蔡锷一到就宣布发难，并出兵。后来设立了军务院。当时参与的人有岑春煊、章士钊、李根源、梁任公等西南倒袁的实力人物。

　　袁称帝不成还想保总统，烦闷而死。临死时，为了给北洋派续命汤，从西山找回段祺瑞，恢复原来的国家宪法体制，政事堂一套废除，黎元洪继任总统，段为总理。一句话，袁世凯的那一套统统废除。在这个前提下，西南倒袁方面就承认黎元洪的合法政府，参加这个政府，号为南北统一内阁。从云南经过上海而来北京，被西南推举为代表的是张耀曾。这时出了个小差错，唐继虞带着鸦片烟，借张来北京而同出来，在上海被发现了，这事与张无关，但同行出来，很受牵累。事虽不大，还是受影响。张从上海到北京很隆重，开专车，扎了彩。这时附带说一句，张是我先母嫡堂兄弟，其父亲是我母亲的叔叔，我称镕舅（字镕西，故称之），就任南北内阁，分任司法总长，他要我给他做秘书。秘书共有四个人：一个叫席上珍，云南人，在日本与镕西先生是同乡同学，学法律。再一个是杨学礼，云南人。另外一个是我，负责私人函、电，包括机要。与西南经常机密函电、密码往来，由我掌管。我二十四岁，他三十三岁，长我九岁。在部里照规矩，上下班有定时，我因掌机要不行。还有一个秘书是镕西的好友沈钧儒。沈是四十二岁，同样是秘书，他主要代表镕西应付外面的事，与各方面接洽周旋的。沈在本省是很有名望的人，原是本省副议长，与镕西友好，拉他来帮忙，任务是应付各方面，特别应付参众两院议员。这里要把两院情况说一下。民国六年（1917），有国会两院，从民国二年（1913）开始，就有组党的问题，但是不能细谈。大致说来看许多小党派，分别为两大派：一是偏左，一是偏右。"左"的是孙中山领导下以同盟会为基础，组成国民党，左翼。这核心人物是宋教仁，名义上是孙中山、黄兴，实际上是宋教仁，与宋合作的核心人物就是张耀曾。"右"的是梁任公，为实际领导人，出面的是汤化龙、林长民等。到民国六年不是这样了，上下两院议员有八百人之多，一是三百人，一是五百人。国会初开，彼此各有成见，许多事情不能同舟共济，很为袁世凯利用，宪法因而不成。先成了有关总统部分，其他没搞成，就被袁世凯搞垮了。说国会议员柏文蔚、胡汉民、李烈钧等反袁，收缴了议员证书，无形中被解散了，这都是过去的事，宪法就没制成。到了民国六年，恢复国会，袁死，黎继任，段负责总理，恢复法统。这个时候，两院议员好几百，多半集中在上海、北京。在上海集中的时候，大家共同有一个觉悟，不要再闹党派成见，而要合舟共济，制定宪法，才对得起国民，共同的口号叫制宪第一。原来偏左、偏右，都被甩开不提了，因制宪是第一么！这时出现了所谓宪法研究会、宪法讨论会、宪法商榷会。点名来说，研究会背景是梁启超、汤化龙、林长民，后来通常流行的话，研究系就是其简称。再有是常说的政学系，名称就是政学会，也是研究宪法的主要名称都被占了，故简称政学会。民国六年的事情，还有其他的派，实际上也是研究宪法。这年是民国六年，是丙辰年，故称丙辰俱乐部，马君武就是其中一人。还有益友社，褚辅成等人也为之。比较大一点的，人物多在一百位到二百位之间，这就不算小了，这就是政学会，首脑人物中有名望的有李根源、谷钟秀、钮永建，还有一个记不起来了。其中有参、众议员，推领袖又不大容易，四人相互让，推张耀曾（不是四人之一），年纪最小，大家都让他负责，最后就落在其身上，出任统一内阁员，司法总长。因此，我们四秘书里，沈钧儒年龄大，四十二岁，他比张镕西（三十三岁）大，交好甚厚，他代表张出席政学会（当时，为了代表这组织，在上海有一个言论机关《中华新报》，当时主笔是张季鸾，后是《大公报》）。刚才所说的政学会，很多出色人才，其中有一个特别要说一说的叫杨永泰（广东人），做过厅长、代省长，字畅卿，很能干。我说不清与蒋有没有关系，为蒋信任，成为秘书长。跟他合作的有两个人，一是张群，一是熊式辉。张、熊与政学会没有关系，可是二人这时跟杨很密、很合手。这就很受两边的嫉妒，一边是军统（复兴社），一边是陈立夫（CC）。杨受蒋信任，就为两边嫉妒，其结果，蒋在武汉设剿匪总司令，杨被刺而死，是二陈派所为。非常国会时，议员很多还是政学会人。举例说，湖北的韩大载，陕西的刘宁武（刘治中），非常国会时很出名，都是政学会里的。简单结束，研究会、政学会的来源就是这样。

附一句点明一下，很重要。梁任公返京，后来继承人就是张君劢，大名张嘉森。跟张最好的、形影不离的就是张东荪。张东荪是教授。张教授是老实人，很有活动力，梁这派的。

谈胡适

胡适先生是留美的，聪明得很。在留美时出名于"科学社"。胡入北大，也是民国六年（1917），这时没有结婚，我也没有结婚。他进北大，我先他两个月。他跟高一涵住一起，住东城偏僻地方——竹杆巷。胡贡献不小，贡献就在过去一谈学术、讲学问，总是用文言文，而他的大功劳就是用白话文。这是大解放。当时蔡元培是校长，有人反对用白话文谈学术。章士钊反对，另一个是林琴南，公开给蔡元培写信反对。一句话，不能用白话文谈学术，白话不能表达精深的学术。蔡先生回答不管。其实这事是对的，就是要解放。当然有些文词术语可以一面用，一面加以解释。

白话文还是使学术思想得以解放。新思潮是胡适之、陈独秀打开局面的。胡这个人，思想活泼，头脑活泼，很有长处，而气魄不足。气魄还是数陈独秀。

《新青年》不是北大出版，而借北大畅销于外。编辑几个轮流编。当时鲁迅不算在北大，但也兼过课，讲中国小说史，出名文章是在《新青年》上发表的《狂人日记》。

这时开风气之先，不止一人，而胡适当算头一个。

写《中国哲学史大纲》，后来写不出来。虽然谈哲学、写哲学，但深入不下去。实际上，他的头脑是以浅明取胜，而哲学这东西光浅明通俗那就不行。哲学需要精深，精密而深奥，不精没有多大价值。

从前北京协和医院是美国资本家出钱办的，不但建筑好，一切都很讲究。其中有个董事会，有美国人，也有中国人，都是有名的人组成的。有这么个故事，董事开会，美国的主持者孟禄博士，中国的主持者有胡适，还有一位金岳霖。胡、金两人相遇，胡拿一篇文章，既有英文，也有中文两种文字，拿给金岳霖看。这篇文章大意是说，哲学是一个没有成熟的，甚至是可说不够好的科学（没有成熟的科学）。金点头说："很好，很好。"胡很高兴。金又讲了一句，可惜你少说一句话，就是说，我是哲学的外行。胡适听了后，无话好说了。

总起来说，胡很有长处，能打开局面，能够轰动一时。他所以能轰动一时，正因为他能浅，而且能明，以浅明取胜。他讲中国哲学，后来写不下去，特别是与中国佛教禅宗无法谈。想谈，隔着十万八千里，想谈没法谈。

对现实的问题，所见也太浅，如流行的口号"打倒帝国主义"、"打倒军阀"，这些话他不取，不这样谈。他说五大魔（即贫穷、疾病、愚昧、贪污、扰乱）是中国的社会五大病痛。他反对"打倒帝国主义"

的口号，独倡五大魔之说。胡适提倡的"少谈主义，多谈问题"，是针对李大钊唯物史论、共产主义而言的。有人提倡基尔特主义、工团主义。不谈主义，要谈问题。他特别害怕共产党，共产党一来他就跑了。跑到台湾，胆子小。

这个人是有长有短，但有见长一面。

1985年9月5日 下午2：30—4：30

辛亥革命后，手枪、炸弹不要了，办《民国报》，在天津出版。自清朝灭亡，到如今快八十年了。我们同行朋友是革命的朋友，领导是孙中山——中国同盟会。我十九岁就参加了京津同盟会。那就是说，是孙中山先生领导的同盟会的京津支部。一些朋友搞宣传工作。两个主要的人：一个甄元熙，他是社长（同学），广东台山人，追随孙先生的，《民国报》推为社长；另一个是编辑孙浚明（炳文），四川叙府人。不满二十岁的我，写点短评之类，署名随便用两个字。因父母给我名，大名，很少用，父母取的号寿铭，报上用瘦民代字。孙大哥长我十岁，他二十九岁。一次，请他在扇上题字，他就给我上款写漱溟，我看到很别致，很好，从此用这两个字，与瘦民音相近，从此为报上文章的笔名。二十岁起，一直沿用到今天。有时依庄子例北冥有鱼，就不用三点水了，一样。

搞炸弹，参加革命就跟着广东人、四川人，刚说的这两个人。当时报社设在天津。清廷退位前，搞手枪、炸弹很容易，当时北京各街道有会馆。在东单二条也还有一处（前孙公园后孙公园）广州七邑馆，记不清了，如此之类说不尽，记不清。那时会馆好多，现在没有了。学校毕业就是辛亥年，跟甄是同学。因北京印刷不行，所以在天津，不止我们一家。还有一家叫《民意报》，也属京津同盟会，主持人是四川赵铁桥。京津同盟会这个组织是汪精卫与李石曾、魏宸组、赵铁桥等人在北京暗中组织的。那时，汪精卫已经从监狱里放出来了。

清朝退位，是因贵族胆小，袁世凯逼他们。当时暗杀目标，一个是良弼，刺良弼的是彭家珍，后来还有要刺杀袁世凯。武昌起义，孙中山不在国内，得到消息从美国回来在南京成立政府，决定把首都迁到南京。革命派实力不行，军事、财政力量都不够。坏在袁世凯，他坚持要在北京定都。

新闻记者也在北京，采访性记者，叫外勤记者，我赶巧看着要袁世凯南下就职这一幕。当时南方派六位特使欢迎他南下。这六位特使是蔡元培、宋教仁、汪精卫、魏宸组、钮永建、王正廷等。袁世凯表面上拿话敷衍着这几位特使，暗中却耍手腕，来个北京兵变，包围使者住处。旧历正月十二（2月29日）晚上，我正陪母亲在广和楼看戏，忽然有人宣布外面兵变，不能让大家回家，当时士兵是朝天开枪，抢铺子。

六位特使回南京。只好定都北京。当时有临时参议院，在南京成立的，议员各省独立的都有，由各省都督派的代表，一省三个人。临时参议院迁到北京来。我是新闻记者，拿外勤记者证，哪儿都可去。要宣誓就职。议长是林森。我在楼上看得见。袁世凯手捧宣誓词，说话河南口音。读完宣誓词，就算宣誓了。林森领下来，经过穿堂门，到广场照相。两部分人：

一部分以林森为首，各省议员；一部分在广场有位，内阁赵秉钧、许世英等。

袁世凯刚刚从我右边过来，跟我差不多高，腿短，上身很宽大，穿一套旧军装，没刮脸，也不算留胡子。我心想，这人是坏东西！不管临时、正式，终究是大典，不刮脸，穿旧衣服，不尊重，我心想是坏东西。他根本看不上这个典礼，眼里没有这些事。穿堂而过，从我右边经过，看得清楚，那一幕我算碰上了。

彭家珍是京津同盟会同志，拿炸弹炸良弼。良弼住西四红罗厂。彭先死，良弼炸断腿，后来也死了。

再说我们同盟会中有四位同志即张光培、黄之萌、杨禹昌等炸袁世凯这一幕。那时，袁世凯进宫是前呼后拥的。他住外交大楼，进东华门，我们的同志，在东安市场拐角酒楼，一位同志从楼上扔下炸弹，没炸到袁世凯。他坐马车，前后有卫队，炸死前卫队长。从此，袁借口不入宫。我们四位同志被抓走了、枪毙了。为了悼念这四人，加上彭家珍，还有一个不记得名字了，共六人，后葬在一起，一个圆丘，立碑，六面各有一人的事迹。地点在现在的动物园（熊猫馆外）。从前，西太后还在时，为西太后而搞的这园子。宋教仁葬在畅观楼，西太后游园休息地方。

（以上的话是从名字说起的。下面谈家事。）

我家最早住米市胡同的扁担胡同（南横街一带），多是南方人住，做京官的都住这一带。

曾祖父到北京，来北京会试，中进士后，为知县，任地方官。祖父做京官，后出去任外官在山西。他是在北京中举。小时来到北京，以广西籍贯在北京中举，一口桂林话。父亲，也是以广西籍在北京中举。先父生于北京，说北京话，先父没回过广西。

我参加广西旅京同乡会，我回广西上过祖坟，在香港办报还回广西住了三年之久。

父亲投水自杀，有"敬告世人书"、拜托五位仁兄的信，有愤慨的意见。愤慨什么呢？黎元洪继任大总统，同段不合，于是有府院之争。黎曹吴轻信江西人的话，郭同很快把张勋找来，想用张的力量抵制段祺瑞。张勋是顽固人，他到北京，在宣武门江西会馆演戏，请客正在热闹，抽身出来，进宫行复辟礼，把宣统抬出，挂起龙旗来了。这时黎才知道上当了。他不理黎元洪这套。这是民国七年的事。这时，被免职的总理段祺瑞在天津拉了梁任公一起，就在北京、天津之间的马厂誓师要进攻北京。当时马厂驻一师北洋军，师长叫李长泰。段、梁二人直入师部，抓住这一师人从马厂开向北京进攻。张勋就完了。可笑的是挂了两天的龙旗，出现红顶官服。最糟糕是谁？是康有为。他跑来北京，还是要忠于清，宣统上谕康有为为弼德院长。这时段、梁进京，康、梁原是师徒关系，现二人政治上成了敌对了。张勋既忠于清，失败了可以死节嘛！（梁老说上面这话时，语气很重，也很愤慨！）也跑了，溜到东交民巷躲起来。复辟一幕，六天就完了。

先父就在这时很愤慨，因为搞复辟的人，拿国家大事当儿戏。复辟失败之后，先父投水自杀。有一位先父的朋友送挽联，很好，上联是：忠于清所以忠于世（不单是忠于清，世是世道）；下联是：惜吾道不敢惜吾身。投水而死。（说到这里，梁老很风趣地说。）

好！今天这一幕就谈到这里吧。

1985年9月26日　上午

（9月26日上午摘抄梁老第二本"笔录"，倒着来抄的。）

（是日访问时，有客人，"民盟"薛传明来。梁把笔记本给我看。他们谈，我边看边抄。）

对毛泽东一生过错的见解

美国马歇尔将军对我的印象，闻之于叶笃义同志。（1979年5月5日在政协，不见叶已二十年以上。）1946年1月，马帅居间，有两党停战协议，即召开政治协商会，民主人士参加。而我为民盟秘书长，代表民盟周旋于两党之间。此时，据云，马帅说我很像印度的甘地，且说或者就是中国的甘地吧！殊不料想此异国老将竟然对我具有如此印象。此虽

37

一件小事，亦不可不记存之。

我与马帅不少会面，我不会英语，每次叶总陪同。

毛主席一生功大于过，这是不容争论的。他的过错多出在晚年，亦是众目共睹的。现在要问他那些过错，有没有根源呢？我看是有的。这就是他在思想言论上过分强调阶级斗争。

1938年1月，我访问延安和毛主席曾有两次通宵达旦的谈话。这在当时抗日战争前途上，确使我头脑开窍，一扫悲观情绪，受益良多。但在谈到要建设新中国而追论及老中国旧社会时，则彼此争论不休，所见大相左。所争者就在阶级问题上。（后来辩论，主要是历史特殊性及一般性的问题，意见不得一致而散，这些话就不记它了。）

1949年以毛主席为首的中国共产党建起了新中国，在阶级问题上，做有步骤的措施。我亦随着下乡参加土改运动，在四川合川县云门镇待了八个月之久。又回京参加多次知识分子改造运动。自己努力学习之不暇，鲜有什么主见主张。然而事情是发展变化的。多年之后，夙性独立思考的我，渐渐恢复了自信。

回忆少年时见闻

我十六七岁时即有出家为僧之念。其时琉璃厂西门有正书局出售上海《佛学丛报》等书刊。我于佛教大乘、小乘尚不分晓，但见到佛书即购取，购回家中阅读，虽不通其要义，仍购存不已，如是者积年摸索，逐渐进步。既被拉进北大讲课，又去南京内学院求教，则前后所闻多有……例如杨仁山先生为近百年佛学界开山祖师，指教义读《大乘起信论》、读《楞严经正脉疏》，我皆从读而大有启迪。内学院欧阳先生既为仁老门下，其徒吕秋逸……

1964年3月18日，访章行严先生于史家胡同，听其漫谈往事，分条记之如次。

（一）章先说辟园先兄往昔在长沙主持实业学堂

时，聘张继等多人任教员，章本人原在其内。辟园发现他年纪轻，劝他宜求学深造，不必当教员。章既纳其忠言，至今不忘于怀……

（二）略之。

（三）章先生谈民国初建，袁世凯为临时大总统，他游北京时，曾与袁一晤，袁遂发表任他为北京大学校长，见于当时政府公报。他辞谢不就职对我说明云，他彼时只三十六岁，非老师宿儒，如其竟然长此最高学府，在国际上将是笑话，被轻视。袁之为此，示恩拉拢，他决不受拉拢……

（四）章先生谈及 1916 年的北京大学，蔡先生从欧洲应邀回国，接任校长，引陈独秀为文科学长。他那时正在东京，得陈函电相邀，即回国入北大以教授兼图书馆主任。据他谈蔡、陈两位是老朋友……

章先生谈到他介绍杨怀中、李守常进北大之事，杨在此讲西洋伦理学史等课，李则接替他的图书馆主任，又兼讲唯物史观。

"引守常入北大，以图书馆让之。"

"陈与汤尔和相识，当在留日学生退出日本组织义勇队之时，汤及钮惕生为代表，陈为队员。"

"杨怀中入北大为章所荐，陶孟和与杨同学日本师范，又同留英，杨笃生为留学生监督之书记，特调杨怀中到英。"

（按：后来看杂记本又补。）

（以下是谈话记录。）

张公耀曾，字镕西，云南大理府太和人。清光绪十一年（1885）生于北京。祖父为官，湖南衡水兵备道。后告老还乡。有子十三人，而成进士者三人。父士镦于兄弟辈中次居第十二，清季以进士官内阁中书，1902年病故。母亦于1903年病故，其时公年方十九。同年公考入京师大学堂师范馆。1904年公派日本留学法科。中间因病休学。1911年（辛亥）国内革命爆发，被云南本省革命政府推派为南京临时参议院议员回国。

我年小（十四五岁）时，他就赏我。他管我先父也称舅（表舅），因为他母亲是陆家广西人，因此他对我先父也称舅。给我先父信中说我，此儿是舅家千里驹也。西南护国军倒袁后……组织南北统一内阁，他代表西南来北京，是司法总长。次长是徐谦，秘书四人，两个是云南人席某和杨某，另外两个是沈钧儒和我。沈代表政学会，部里事不问。我是管机要，主要与西南密电往来，负责翻译回电。反袁公开后，段祺瑞辞职到西山，忠于他的陈宧也宣布独立。袁气死了，临终找段回来。段恢复法统，黎继任，恢复国务院。时间不长，由于院府不和，问题出在秘书长徐树铮（院派）跋扈专权上。丁世峄，"山东大汉"之称，湖北老乡，哈汉章、饶汉祥（府派）。这些人给黎元洪出主意，听信郭同的话（同议员，江西人），要抵制段，最好找张勋。黎听信了，要郭同到徐州找张勋来。张勋带第六师辫子兵来，根本不把黎放在眼里，拥宣统复辟，换了龙旗。康圣人最糟糕！为弼德院长。梁启超在天津与段祺瑞到马厂誓师，陆军第八师李长泰，直入师部，带师一万人，从马厂往北京奔来。张勋忠清，那就忠到底，他却跑到东交民巷荷兰使馆保全性命。

段、梁合作，梁是热心肠人，可惜头脑不冷静，自负理财，出任财政总长，很想有所作为，却实事做不到。段祺瑞信任徐树铮，就在安福胡同搞俱乐部，指挥一切。

张勋复辟时，我正在靠近山海关的昌黎县休息，听到北京张勋复辟才赶回北京。

补充说一段，我年纪很轻时，在北京。

大概是民国九年（1920），有一天，忽然有一辆汽车开到我家门口，下来四个人：梁任公、梁思成、蒋方震、林宰平。为什么来访？林先生领来的。林很早赏识我，林引导他三人来的。这时我已入北大，二十五岁讲学了。林先生领着梁氏父子前来我家看我。我之受知于任公从此开始。

1985 年 10 月 12 日　星期六 9：00—11：30

（游泰山孔庙归来次日也。）

我二十二岁写过《社会主义粹言》，看到张继翻译日本人幸德秋水写的书。日本人的书名，我认不清楚，中文书名《社会主义神髓》。这是我接触社会主义的开始。这个书出在光绪年间，但我看到已经是光绪的末年了。不久，清廷退位，袁世凯当政。有一个人，有胆有才，可无品行，品格不好，有魄力，姓名江亢虎。开始创中国社会党，所以这名出现，他是首创。这是游美国回来创的。那时号召力并不大，可也有人跟从了他。党徒陈翼龙，是其中之一。这人在北京为袁世凯所杀，认为他是叛徒，造反的。再转回头来，这事之前说一说清代的事，说清代的江亢虎。我也说不清江亢虎他与我家的亲戚关系。他称我母为世姊，称父世叔。他在北京首创女学堂"女校传习所"。我先母颇读许多旧书，能诗能文，所以就被江聘为教员。称我先母为世婶，怎么样世交，说不清楚。他这个人好投机，出风头，首创女学堂。

再多说点有关江亢虎的事情吧。这就说到了抗日战争，北方是"七七"，上海是"八一三"。之后退到武汉，那时我在国民参政会，第一届迁到武汉。忽然一天，江到武汉找我。他年岁比我大很多，那时他五十岁以上，我大概四十五岁。正在武汉参加"参政会"。他来找我，找我想了解当时的政界情况。所谓政界，包括政府、其他党派和共产党。那时八路军代表处是董必武。那时是国共合作。这江亢虎知道我在参政会，找我，我就到旅馆回看他。他的思想是还想投机，搞政治活动。我就我所知道的告诉他，各党派及参政会情况告诉他。他想投机在政界得个位置。我本来鄙视这个人，我也无能为力，我本人不过是一个参政员，说不上，还能替他出力？况

45

且我还鄙视这个人。他一看情况不行，就走了。还是要投机，刚好有机可投。那时汪精卫从重庆跑了，陈公博由成都跑了，后由越南转到南京，搞五院制。江去找汪精卫，汪觉得他还是出风头的人，汪也就给他一个位置，把考试院副院长给他。就我所知止于此，后来不清楚了。

关于汪精卫的跑，以后的事情，以至失败死在日本，陈璧君在南京被绞刑而死（此处有误，陈1959年病亡于上海提篮桥监狱医院）。

附带说：我跟汪精卫认识较早，早在清末，那还是在辛亥革命前。他与胡汉民都是追随孙中山，是革命派，反对清廷的革命派。黄复生（四川人），他同黄秘密从南方到北京。这时四岁的宣统，他的父亲是醇亲王。解释一下：一般俗称，俗语说，把咸丰皇帝称五爷，称恭亲王为六爷，醇亲王为七爷，这是老话。据我们说的，老醇王死了，儿子接承，小醇王的儿子是宣统。宣统入宫为皇帝，为由小醇王扶正，称为摄政王。为什么要提摄政王？汪、黄想刺杀摄政王。那个时候摄政王最高贵，两个大洋马拉的马车，前呼后拥，有保卫的人。汪、黄就在摄政王进宫的路上，有个桥叫银锭桥。汪、黄在桥下埋炸弹，这动作在深夜里做，避免被人看见。虽是黑夜，还是被早起、过路的人看见，跑去报告，结果被捕了。他们就承认，要杀摄政王。把二人下监狱，没有枪毙。不久，这个辛亥革命，事情很多……再说汪、黄在狱，袁世凯利用他们，放出来，很优待，以便借着他们跟南方革命势力接头、讲条件。所以这时成立了"京津同盟会"（是简称），全称是"中国革命同盟会京津支部"，那就说到我自己了。这时我在顺天高等学堂，等于大学的预科样子，就在辛亥这年毕业。这时我二十岁。虽然在北京，可当时像于右任他们在上海出版的《民立报》等，革命派报纸，我们在北京的革命思想青年，总能收得到、看得到，所以"京津同盟会"，不是我一个人参加，我们同学都参加了，其他学校也有参加的。当时往来于天津、北京、

47

保定，有革命思想的青年，有个联络的人，这人不是学生，岁数比较大，总在四十岁以内。这人姓胡，可能是湖北人，叫胡鄂公，串联这一带的青年。

转回头说我及汪。汪、黄在狱中，袁利用，放出来，以便与南方联系，所以组织这个团体，我们学生都参加这个组织，成为盟员了。当时的情况，清廷隆裕太后与宣统孤儿寡母，大家都主张，要是没有实力，就不能与南方谈话。袁有军事，手下三员大将王士珍、段祺瑞、冯国璋（龙、虎、狗）。这三人我都见过，民国六年（1917）见过王士珍，他不穿军装，穿两截衫，上是白夏布，下边是纱，靛青色，身体高，像儒者。这时袁世凯倒台，黎上台，称为总理。一次偶然机会看到王，其他不多谈。最后再说一句，此人无儿子，过继一个，又无出息。

段祺瑞为人很正派。袁要做皇帝之前，就废除国务院，总统府内设政事堂，以徐世昌为国务卿，准备做皇帝头一步。段公然反对，与张一麐（文人）二人阻止不了，段就辞职不干，在北京西山上称病不出。张是总统府机要局长。

我本人是新闻记者，是京津同盟一分子。"京津同盟会"盟员之一叫彭家珍，有贡献，清廷贵族都很怕革命派，唯一人良弼（留学日本）不怕，彭刺杀了他。

彭印了一张名片，另用一个黎什么的名字，东北的军官，他假借使用，去拜会。家人说我们大人还未回来。彭正在犹豫时，良弼回来。彭投炸弹，彭死了，良弼炸了一条腿……

这是京津同盟的一件事，如果重复说，还有我们的同志炸袁世凯的事。（前已说过。）

清廷起用袁世凯，发表他为两湖总督，让他对抗武昌黎元洪革命派。但他一手培养出来的北洋军，不过江。袁有用意：他不想打败革命党，想屯兵长江一带。他们电奏朝廷请退位。

接着说袁世凯。

正月十二兵变，那天，我陪母亲在大栅栏看戏，说外面兵变，戏不能演请大家回家。（按：我说，已经说过了。是否可以谈谈到延安这一段？）

民国六年（1917），蔡元培为校长，陈独秀为文科学长，范源濂是教育部总长（民元是次长），请蔡先生从德国回来任北大校长。当时我写过一篇文章《究元决疑论》，发表在《东方杂志》上。内容把古今中外诸子百家都加以批评，独独推崇佛法，大意就是如此。蔡先生回国任校长，我正任司法部秘书，二十五岁，也就是这年，我就带论文去蔡先生家，意思是请教。他说我路过上海从《东方杂志》上也看到。我自己喜好哲学的，看来你也喜好。这次我到北大，我重点要办好哲学，你要来帮忙。我就恳辞，说我不过是一倾向佛家的人，看了一些佛书，因为中国有《大藏经》，近两千卷，其中不单是佛家，以佛家为主，还有其他宗教（印度的），我也看了一些，无论是英国人或日本人谈印度各派宗教，英文书，日文书……都谈各派思想，我也略有所知，略有所闻。

但要叫我在大学里谈，还不够格。蔡说："你不要这样想，是来教人，你应当作为一个爱好的人，彼此学习，交换知识，你不可不来。"我想当老师不够格，但彼此学习交流，我是很喜欢的，接受了。但当时在司法部做事一时来不了，于是请一位浙江人许丹（季上）先生代讲。他是司法部顾问，原为蔡元培元年任总长时引用于教育部的人员。后来到民国七年（1918）我才摆脱部里的事，到北大任讲师，出版《印度哲学概论》，后来又在讲印度哲学外，讲了儒家哲学:孔子、孟子、荀子、宋明儒者，没出书，只是口讲。

班上同学计有冯友兰、黄文弼、顾颉刚、谷锡五、朱自清、孙本文等，冯、黄、谷、孙均属本系，余者为他系。后来有陈政、罗庸、罗常培等人也来听课学习，但不在哲学系，陈在德文系，还有王昆仑。

民国六年（1917）进北大，民国十三年（1924）暑假以后离开。（按:我提问，为什么要离开？）我觉得在讲台上讲不好，不满意这种教学方法，我提出口号:

"我愿与青年为友。"与青年有志之士做朋友，在人格上互相影响，所以辞掉讲席，自己办学。为了自己办学，先写一篇《办学意见述略》，在报上发表，引起各方注意。当时山东有位朋友叫王鸿一（山东省议会副议长），他就约我们到山东曹州去办学。他是我过去的朋友。民国十年（1921）暑假在济南开暑期讲习会也是他相约去讲学的。他每次都出席听讲。那时在济南第一中学，借一中大讲堂，讲东西文化及其哲学，由北大同学罗常培笔记。另一个是德文系的陈政。

（按：我问，在您二十岁那年，为什么两次要自杀？）

第一次自杀，思想烦闷。那是二十岁时，我们是广西人。广西要送人出洋留学，刚好旅京的广西老乡，一位姓张，一位姓王，回广西任法官。我父亲托他们照料我回广西考试送出洋留学。由京浦路南下，到浦口，过天津时，这两位要做法官的先生，晚上出去逛窑子，我就很腻味。在天津如此，到下关住在大饭店，有许多娼妓出出入入，见客人住处就进来了，你推她出去，她总是与客人纠缠，我很腻味，心里情绪很不好，同行者给我的印象不好，产生自杀念头。这是头一次，留了个字，自己走了。走到哪里？我有同学杨权，号通辅，我到无锡找他，想嘱托他照料身后事，写信往北京家里。这位杨同学发现我不是常态，他就很关心我，陪送我离开无锡回北京。回广西考留学就作罢了。

出家？我家庭先父母，生了兄弟姊妹四人，即：一个哥，两个妹。女的入女子初级师范学堂，等于中学程度。妹有一个很好的同学，叫陈英年。妹妹总是与妈说，要我与陈订婚，母亲愿意。母亲病重，自知道不起，拉我手说："你妹妹的同学陈英年很好，可以订婚。"我说："我一辈子不结婚，很早有出家的思想。"母亲说："你胡说！"父亲在一旁说："这孩子他倒是有向上的意志，也许是怪癖，你不要勉强。"的确我真想出家，二十九岁才放弃此念头。

1985年10月21日 星期一

（继上次讲，我问关于第二次自杀事。）

第一次自杀在南京下关，无锡杨权同学，号通辅，送回北京。

无锡与苏州不远，社会风气完全不一样，苏州当时为常、元、吴三个县的名称。吴县、常州、元和三县举苏州，这要明白。朝廷非常重视收钱粮、地丁。江南类乎苏州是财富之区，一地分三县。一个状元陆润庠（宰相），有名的称翁同龢，不是苏州人，与苏州接近，附带说的。

我放弃到广西的打算，安全回到北京。虽与父意不合，安全回家还是很高兴。记不清楚这第二次，是到西安，或是在此前或是在此后，记不清了。总而言之，还是那时，即二十岁，满二十岁。我去西安，那时要走京汉路南下，然后转陇海路，往西走，入潼关。当时铁路未修到潼关，修到一个小站，地名叫观音堂。离潼关还有一段路，雇骡车，走得慢。到潼关，再顺着往西安走。走得慢，大有好处，沿途风景、农民生活都可看得到。俗话有泾渭之分，我就经过这地方。沿途风景很好，正好在华山之下，经过华阴县，在华岳庙，车停参观，没来得及上华山。值得一提的是，从潼关起，路修得不错，路旁有柳树，被称为左公柳（左宗棠）。他奉命带兵征新疆，所以从潼关起，路修得好，一直修到甘肃。左宗棠本人没有到新疆，坐镇甘肃兰州。湘军、淮军都不是清廷派下去的军队，而是乡勇，有自发性，他们的动机有两个原因：一个反对洪秀全、杨秀清、上帝教……（跑野马了，我拉回来。）

还是讲到西安。

骡车不是为顾客而是为自己有所图。铜钱，光绪通宝，这是通行的货币，正在改变，对付洪、杨，以一当十，叫当十钱。初步改革通行，第二步还是铜钱（无中间空洞），商人从中取利，用新币换旧币。他们主要是拿旧币换新币，到陕西交换新的铜元。

风景很好，比坐火车大不同，风俗人情都看到了。值得一说的是我记得经过那一个县，夜晚要住店休息。我住上房，出店来望一望，碰见一个法国神父，在中国多年了，说中国话。他问我："你是头一次来吧？""是。""我看你就是头一次来。你所要住的上房不好，我就不住。我住窑洞，窑洞好，冬暖夏凉，我看你是初来的。"听了他的话，我才明白，这外国人确实是老经验家。客店主人问我："吃什么？""我欢喜吃面条。""有。"端了上来，粗得很，年轻人能吃，但没有酱油和醋，只有盐水拌面。"盐水拌面，是否给点油？"他说可用点灯的油。我说不用的好。这说明人民非常贫苦，我没有经验，不如那神父。

七七事变后，我去延安。那时海外回来的都倾向共产党，人很多，国内、海外青年步行往延安。住什么地方？也是住窑洞。每个窑洞很奇怪，这些窑洞好像是山，其实不是石头山，都是土高原……

二十岁到西安，因大哥在西安当教员（我问，到那里做什么？），他介绍我第二个妹妹（谨铭）去教书，西安办女子中学，我大哥在西北大学，当地找女教员，大哥介绍妹妹去教书，需要我送她去西安。就是这一次。

妹妹年纪小，学生年龄大，对她不尊重，看不起她，三个月后辞职，我送她回北京，总时间半年还不够，这是第一次去西安。

我吃素食是从这时开始的。（我问，为什么要从这时开始吃素？）过去在父母跟前不好这样做，现在可以自作主张了。不吃动物，直到现在。我一向倾向佛家，最早论文是发表在《东方杂志》的《究元决疑论》。古今中外的百家都批评了，独推崇佛法。大意：人生是苦，什么叫苦呢？求之不得的苦，人人都有欲求，满足高兴，就乐，不得满足，就苦。人们会问：一个人，从生下来后，一生之中，满足时多，或是得不到满足时多？很显然，得满足所求时少，求而不得时则多。要紧的话:苦乐不决定于所处环境。你不要看，坐在汽车里是阔人高官，你以为他享福。其实不然，说不定他心里解决不了问题，在那里发愁呢。相反，地下走路散步的人，也许没有问题或困难，自有其乐呢。简单一句话:苦乐不决定于环境，苦乐出于每个人的主观。主观又是变化不定的。正在满足时，高兴；不久欲望又向别处去，痛苦了。所以你尽管处境、环境昨天好，但今天又转了新的要求，说不定得不到满足，甚至明显做不到，不能满足。因此，乐是暂时的，苦闷是多的，从而证明人生是苦的。而佛家要求出世，对人生持否定态度。有六个字，说明佛家人生观:起惑、造业、受苦。惑是迷惑。每个人从我出发，我要怎么样……要求是无止境。满足常不如愿，说明苦多于乐，人生是苦，这是佛家人生观。佛家若是出世，只学佛、成佛，超出世间，对人生否定，这是小乘教，不是大乘教。大乘教人站在出世立场而入世，小乘解决自己就完了。大乘是转过来投入世间，要世人破除迷惑（为我），而懂得无我的道理。为了众生，菩萨出世，转而入世间，开导众生，不要错误自作从我出发。菩萨是大乘，出而不出，不出而出……

1985年11月2日　星期六

（请梁老谈谈第二次自杀的事。）

临时去无锡，原计划去广西，这是第一次自杀。

第二次自己好像说不大清楚。胞兄是西北大学教授。西安开办女子中学或师范，总之是女学堂。大妹已出嫁，第二个在家，二人都在京师师范女子初级师范毕业，小学老师。大哥向他们推荐第二个妹妹，名叫谨铭，要我送她去西安。（我说，这已经讲过了。）

我现在说不清了。二次自杀可以说是怨世。出家记得最清楚：十八岁时，好像……张恭人我母亲，云南大理府太和县人，病重临终时拉我的手亲切地讲话。讲什么？讲了不仅一次的话，要我订婚，女方就是妹妹的同学，叫陈英年。同学之好友，热心对父母讲，最好要我同陈订婚，母亲谆切对我讲这个事情，可我很早之前（十八岁之前），十五六岁，早就怀有着出家为僧之念，所以我就拒绝订婚。我对母亲说，我一辈子不结婚。母说你胡说。父在旁边解围，就说这个孩子他是一个有向上心、有志气的，他总会要走正路的。

要紧的说明这一点，哪一点呢？就是我的出世思想，总是想出家为僧。当时北京琉璃厂，都是书籍，当时叫南纸店，有个叫文明书局的，主持人就是廉泉，廉惠清先生夫人，书法有名。有正书局，狄葆贤讲佛学的，又号平等阁主，南京金陵出版的佛书这有很多。近一百多年提倡佛学的是杨仁山先生，号叫文会，安徽人，门下四大弟子，都是江西人，我见过三人，最热心的是欧阳渐（号叫竟无），再是李证刚先生，桂伯华先生，黎端甫先生（黎没见过）。桂伯华死在日本，李证刚是以儒家为主，也好佛学，学问很博，专门搞佛学法相宗。法相唯识，这一派在佛学里是唐玄奘传过来的。他留学印度十八年，带回许多经书。欧阳先生创办支那内学院，是在金陵刻经处的底子上成立起来的。附带说一下，收容很多爱好佛学的，有的是五十岁内外的，有年轻二十岁左右的，大家在那里求学，住吃在一处。经济来源，据我所知，叶恭绰每年捐四千元，云南省的当局也捐有钱。因为我在这个学院住过，又去过几次，多者一个月。曾经碰到两个云南人，一个是姓聂，一个姓许。有一次欧阳先生写封信要我带信去见叶恭绰，催交四千元钱，故我知道。凡求学的吃住都在那里，每月经费是各方面的援助。犹太人哈同，夫人是中国人，哈同有一回也支助过的，印了《大藏经》。哈同上海有花园。

简单说，老想出家为僧，所以拒绝订婚。没料想到一个朋友故去，我心里很伤感，这朋友就是有名的新闻记者黄远生。袁世凯要称帝，有日本顾问，有贺长雄法学博士和美国人古德诺帮助袁世凯做皇帝，推行帝制，论调更改国体，不改政体。民国改成帝国，行宪不变。有筹安会之起。黄是出名记者，与当时政界人物很熟悉,把政界情况写成通讯,寄到上海（大报纸）,知道事情多，有内容。后来发生问题了，他与袁的亲信左右来往，那些人要他赞成帝制。这使他为难了，良心上不许可写赞成的文章，形势又逼他要写，受威逼的还有梁任公。梁就直截了当，公开发表文章，题目是《异哉！所谓国体问题者》,公开反对帝制。袁之左右，送了二十万元，梁拒绝不收，还是写文章反对。送黄十万元，要黄写赞成的文章，黄在良心上不能做这事情，而受威逼，为了应付朋友，写了文章。但对帝制问题，一篇文章内，前后论调不一致，好像又赞成又不赞成，拿这个来交卷。袁左右看后不行，要另写。他受威胁很为难，而去请教他所敬佩的林宰平先生，名叫林志钧。这个人最有学问，人格极清高，素来为黄所敬佩，到了关头，他去见林先生。林告诉他说，现在是你一生紧要关头，如要人格，不能附和帝制派，也不能留在北京，当下不要回家，就从我这个地方，马上上火车站去天津，坐轮船去美国。黄听了林的话没回家，到天津坐轮船到美国。逃走到美国，就死在美国，是被人刺杀死的。英文是远生黄，被人误会为袁世凯的家里人，杀他者为华侨。当时被杀在美国的除黄外，还有汤化龙，也被刺杀，任临时参议院议长等职，去美国同样被刺。

底下要说的是我。

我同黄远生前后见过三面，可谓不少了，大概是在二十岁或二十一岁青年学生时代，我去找黄。他不知道我，我知道他是大名鼎鼎的人物。他兼律师业务，在大律师事务所。我为什么要找他？我到过西安，西安有个佛庙，这大庙珍藏着佛教的《大藏经》，这个经是古代的。康有为他在西安看到这部《大藏经》，要把书带出陕西，据为己有，后被西安各界人士追上去截回来，没带得走。这是附带说的，但也不是附带说。我就是为这《大藏经》的事去找黄，向他请教。我是一个青年，穿长衫，中学生样子，请教法律问题，为西安庙里的问题。而他这个人，大大有名的人，他不知道我，而他待我很诚恳、亲切，向我讲解，作为一个法律问题，应该如何如何，我很感动。他态度谦和，详细指点我。

之后，我就拿一篇我写的文章、一本书的序言《晚周汉魏文钞·自序》向他请教。这篇文章有针对性，针对桐城派姚鼐的《古文辞类纂》。编书很有取舍，他所不要的，刚好是我要的，他要的多半是那种简奥的古文，我反对这派。我是主张晚周汉魏文章。晚周即先秦，诸子百家，如韩、荀、孟，这都属晚周，还有汉魏。桐城派所不取的是从文学上不取，但其内容很有思想、理论。这些家，主要是很有哲学性、很有思想的，笔调不是桐城派笔调。我就拿我写的《自序》给他看，向他请教说，你有兴趣的话，给我介绍一下，写篇序言。他居然写了很长的文章，是反复辩论的序文，以理论为主。当时正是章士钊在东京出《甲寅》，我就给章通信，把文章寄给他看，大概有两三篇，话不多，他就在《甲寅》"通讯"栏上发表了。我给他的信都是不长，他在《甲寅》上发表时，给我改了名字，用了梁鲲两个字。简单说我与行严先生一直有书信往来，而未见面，见面在后了。

我听黄远生死很悲痛。我没有来得及把佛学道理讲给他听，我内心不忍。他对我好，我却没有把我想贡献给他的与他谈，把佛家道理讲给他。我心中歉然的，从歉然的心理，写了一篇论文，题目叫《究元决疑论》，文章归结到佛法。佛法的特点在否定人生。就是说，比如，儒家是世间法，佛家是出世。关于佛法，我常用六个字来代表我对佛法的认识。即:起惑、造业、受苦。结果善业、恶业，都是受苦。起惑就是我，一切总是从我出发。佛法要的是破"二执"，执着有我，执着有无。无我两面，总是从我追求于无。这是起惑，我是没有的。人总是向着于我，外是向名利求享受，佛法归结破"二执"断"二取"。佛家讲有六尘:色、香、声、味、触、法之六境。总是向外追求，而不知道、不觉悟。自信圆满无所不足。

这是说佛家，人人原来都是佛，人人本是自信圆满无所不足的，而错误地向外追求，这叫作起惑。从此说到轮回，沉沦在生死之中，生了又死，死了又生，生死轮转中，叫轮回，不断绝。认为人死了就完了，其实没这回事，死了并没有完。六道轮回之说，大概不只是佛家一家的说法，而是印度不同的宗教普遍的说法。佛教是印度最晚出的一个宗教，后起的宗教。印度自古就有宗教，有繁多的教派，佛家是晚出的。南方大小乘教，北传西藏中国，所谓密教、喇嘛教。中国内地，教派很多，主要两大派：一派叫鸠摩罗什的"金刚经"；另一派是唐玄奘及弟子窥基，这派有法相宗之称。这派跟鸠摩罗什"金刚经"不同："金刚经"是随说随扫，不立于语言文字；玄奘传的所谓法相宗，他的理论很严谨。这派的主要经典《成唯识论》，这是玄奘派的学问。支那内学院，他们主要是这派，"成唯识论"。

有正书局，有种杂志性出版物《佛学丛报》。我总是买来看。什么大乘、小乘、法相宗……都不知道。凡是看到的佛典就买。木版，每句话都有圈点，读时根据圈加圈。特别是有一部书，看不懂，这书叫《因明入正理论》，本来有圈点，我又重圈一遍。看不懂，等到懂了时，原来它自成体系，是严复所用的名词叫"名学"（逻辑），章叫逻辑之学，日本叫论理学，是讲逻辑的、有系统理论的书。

归结到自己，我就是因为黄远生惨死于美国，很痛惜，没把我知道的佛学与他谈。我的那篇论文是有感于黄死而写的，没有把佛家人生观道理与他谈，这样我写了《究元决疑论》，发表在《东方杂志》，连载三期登完。这篇文章，引起了很多人注意，蔡元培是注意的一个人。民国六年（1917），范源濂任教育总长，他特别邀请蔡回国做北大校长。我在民国二年（1913）作为新闻记者，采访工作时，见过蔡元培先生。他是第一任内阁教育总长，蔡不知道我。后来民国六年南北统一内阁，范是教育总长，由范先生之介绍，我就将此论文向蔡先生请教。蔡先生说他从德国回国，过上海时已看过我的文章，很好，这次我出来任北大校长，我本人是搞哲学的，写过《哲学要领》、《中国哲学史》（大纲）。一见面他就说看过了，说办哲学系，你必须来参加。我就坦白说，我不懂哲学，我是喜欢谈些问题，注意这些问题。人家说西洋叫"哲学"，哦！这就是哲学，那我谈的问题就是哲学了。我是外行人。蔡先生要我来参加。我说，英国、日本都有讲印度哲学的，统称六派哲学，其中不包括佛学；我不过是倾向佛家的一个青年，谈到六派还未学习过，要我来主讲还是不够格的。蔡说你认为谁够格呢？你不要以为是老师教学生，不要这样看。你应当看是参加者与朋友相聚，彼此研究学习，这样来看，不是做老师，是来学习的。这样我当然愿意来参加学习。这样我答应蔡先生的邀请。我入北大是这样来的。

我主讲印度哲学，出版了《印度哲学概论》，是第一本著作，被列为"北大丛书"之一（包括胡适的《中国哲学史大纲》也在其内）。从此，我算是参加北大哲学系，这是民国六年的事。

1985年11月9日

继续谈佛法

（我先问，为什么要自杀？）

佛法，并不完全是消极，对人生是否定的，可并不消极。要分开说，宗派很多，至少分小乘、大乘，要普救众生。（我又问起第二次自杀的事。）已经说过了。（我说，虽然说过，但没有说清楚。梁老听了，有点不耐烦的样子，眼睛睁大看着我。我急忙解释说，这个问题谈不清楚，我不好写，读者读到这里也会有问题、有意见的。梁老听后，停了一会儿，又心平气和地往下说。）

那是不是郑州的事？（我说这没讲过。）那时我长兄在西安，我从北京南下，转往西安，好像是到了郑州，也是跟那情况差不多（即指第一次自杀时）。

郑州刚开放，很荒凉，有小客栈，也是那个样子，有年轻的女人——土娼，都是乡下人，很粗的，她又装扮，脸上擦粉，抹口红，就在客栈里闯进来，要很费力拒绝她，她才出去。这就让我心里恶心、讨厌，一种是怜悯。这并不是怜悯这女人，不是怜悯这人，而是怜悯人类。总的一句话，怨恶人生，一面怨恶，一面可怜。这个都是引起对人生的否定的思想态度。大致如此，说不清了。不是送妹到西安。这次是一个人。（我问，为什么到郑州？）好像是一个人。（按：这段回忆不清了。）

与中国共产党的关系问题（谈年谱 1953 年）

事情的经过，先是小组会。先开小组会，后开扩大会。小会几十人。我记得那次，主持会议的是周恩来（几十人的小组会），也有记录。讨论题目是对的。周主持……"过渡时期总路线"。重要的只提一点，"九天九地"是我说的。有所指的，说当时毛在北京开国,百废俱兴,要修缮。泥土工,一种有技术的工匠;一种叫小工,乡下人可以来做,他比乡下生活就好,小工一天块把八角,农民在乡下就没有了。他们跑进城做小工,来的人很多,在街上就睡了,警察就赶出去,但你赶出去,他还来。因为我看到这种情况,我就说工农生活,一个九天之上,一个九地之下。这个话呢,周是主持会议,那天没有毛主席在场。毛主席听周汇报后发脾气了……

第二天彭德怀作"抗美援朝"报告(朝鲜停战协定签订,回来报告),毛主席出席,要高岗做执行主席。主要听他报告相当长,报告完了,还有时间,有人提议是不是请主席讲几句话。毛主席利用剩余时间讲话。大意是:有人替农民叫苦,说这个话的人大概是孔孟之徒吧!从前我们在延安时也是有人(没点名,大家知道,指李鼎铭,是个绅士,读书人)为农民叫苦。怜惜农民是小仁政,为了革命(在延安,用兵打仗是大仁政),现在抗美援朝是大仁政,怜惜

73

农民是小仁政。没点我的名，话是说我，"这个人大概是孔孟之徒吧"。接下第二天，我就冒昧地说：我要看毛主席有无雅量收回他的话（他要我上台讲话）。这话有点对他很不尊重。……这个话说得不好。1949年后他是全国领袖了，说得冒昧，因我跟他很熟，才说这话。早在北大就有关系，后来我又是最早去延安的人。杨昌济，女开慧，校长要开除毛，杨对校长说，他是最好的学生，你不要开除他。所以后来毛没被开除，后来反做了长沙师范附小主任。杨有旧学根底，即宋明理学，程、朱、陆、王。杨是有那个思想的人。他跟那个章士钊相好，先在日本，后去留英。杨由英回国，在北大任教。还是讲他喜爱的学问，讲的是西洋伦理学，一门《西洋伦理学史》，刚好与我同事，在哲学系。杨有时到我家里去。这里有一层关系，就是我的一个本家，名叫梁焕奎（族兄）住在我家，杨常到我家看我这位老兄。而毛辞附小主任到北京。新风潮引起全国注意。毛辞附小主任到北京入北大，做旁听生，也要注册，毛住在杨怀中家里（豆腐池胡同）。杨介绍他做图书馆一个馆员，管天天的报纸、刊物，即管阅览室，工资八元，都是杨介绍的。而杨又常常到我家，不是看我，看我的本家老兄梁焕奎（弼元），他们有关系。过去光绪变法维新，湖南为先，陈宝箴，子陈三立。梁焕奎为湖南当局赏识的一个人，他建议陈宝箴，不要送年轻的去留学，可以选择年纪大一点、国学有根底的人去留学。陈嘉纳他的意见，让他主持这事。从前科举乡试在本省，会试在京，我兄主张选落选没中举但比较好的，选四十人送日本留学。陈认为好，叫梁去挑了四十人，交梁带去日本留学。其中有杨昌济，因此杨同梁年龄差不多，近四十岁，管梁叫老师，所以到我家看我这位老兄，这件事毛晓得。我第一次在延安见面，他说你是老前辈了。（同年生的，我九月九日生，他生日晚三个月，都是1893年。）我说，我们大概是同辈。毛又问我，说有点奇怪，你是广西人，那梁焕奎为什么又是湖南人？我说，我们家的情况大概是洪杨之乱（太平天国革命时期），逃难由广西到湖南。他们这一支，曾经是族兄弟，到湘潭。我这支曾祖来北京会试中进士，留京做官，我们四代在京都参加广西同乡会，祖父、父亲都是以广西籍考试中举的。回广西去考太费事，北京可以考，作为广西籍处理。回到刚才的话，我告诉他情况是如此的；他们算湖南人，我们在北京始终作为广西人，直到现在他们还是算我为广西人。

访问延安

先是见张闻天总书记，后才见到毛主席。被人称为主席，打听是否是陕甘宁边区主席。答说，是革命军事委员会主席。

访问延安，当时日本侵入中国，七七事变后第二年正月，我访问延安。经过情形在《光明报》上有详细记录。访问延安的事，我引用诸葛亮说关羽的话。张飞夜战马超，关羽知道了，向诸葛亮说，我会一会马超。诸葛亮回信给关羽，说马超虽勇，不过与张相等，"逸群绝伦"。用此话赞毛，即借诸葛赞扬关羽的话。

结束一下，为什么有"逸群绝伦"之叹？我对当时国民党政府失望，全国崩溃，各自逃难，愁闷国家前途如何，这样去延安的。跟毛谈话后，我心中的愁闷一扫而光。谈了长时间的话，即"论持久战"的话，内容都是这些。我心里豁然开朗，日本必败，中国前途有望，可以建设新中国的。非常佩服他。下一个问题是如何建设新中国，就是要讨论的问题，也是目前要紧的问题。在这个问题上，彼此争论剧烈，他的主张与我相反。他是以阶级斗争来建设新中国，我不同意阶级斗争。如果意见不同就争论，说不完。夜晚谈话两个通宵，彼此争论。我的话：中国社会与西洋不同，虽然有贫富贵贱，但是上下流转相通，不同于两阶级的对抗，缺乏阶级对抗形式。他就叹惜：梁先生你是过分强调中国社会的特殊性，中国还是有一般性的。我说，你是强调一般性，没有认识特殊性，缺乏对中国特殊性的认识。

1985年11月16日　下午

（按：在梁老家抄其"笔记"之摘要，因梁老还未起。）

"民九秋，林宰平先生引导梁任公、蒋百里两先生同光顾敝寓，此即小子得以亲聆任公先生言教之始，其后数承任公先生赐笔札，语及日本人士佛教研究。"

（录梁老《杂记》1985年11月16日星期六下午。）

上之《杂记》有云：

孔子一生致力的学问非他，就在自己生命和生活的向上进步提高，没有错。

举例：吾十有五而志于学，三十而立，四十而不惑，五十而知天命，六十而耳顺，七十而从心所欲，不逾矩。

各个阶段，不正是次第不同的进境吗？

又，最好莫过于从颜回……称颜渊者来取证。孔子赞说：鲁哀公问弟子孰为好学？孔子对曰：有颜回者好学，不迁怒，不贰过，不幸短命死矣。今也则亡，未闻好学者也。

上述两点乃颜子的卓越造诣，为孔子特别称道者也。世有好学深思之士，只应参究体认不应轻谈。

（同上《杂记》，梁九十二岁时写的。即近来写的讲稿大意。）

孔子绎旨

东方之学，印度、中国，从古以来的学术风气别是一路，都在反躬向内理会自家生命而致力于生活修养，如印度佛家各派，中国老、庄、道和儒、孟皆其代表，昭著于世……尤其错的事，是把他们切己修养之学，当作哲学空谈来讲而不去实践，真是一大嘲弄。当然贵在实践的孔孟之学、老庄之学都涵有其宇宙观、人生观，亦即他们各自的哲学，但这皆是其副产物。副产物岂能独自出现和存在！

（同上）

怀念我敬佩的陶行知先生（按：八十九岁写）

想到我亲切结识的并世人物而衷心折服者不外三个人，而陶行知实居其一，其他二人便是毛泽东主席和周恩来总理。莫笑我把服务社会的教育家和秉国钧的政治家毛、周公相提并论为可怪。须知三位先生，大有相同之处。这就是他们所致力的事业，虽在中国一国之内，然而他们的胸怀气概，却卓然朝向着世界全人类，廓然没有局限，从而三位先生在我心目中实同一钦重的，都是又岂得笼统无分别于其间。

毛主席领导群众创建起新中国，惜于晚年有失，周总理信乎为遗爱在民的好总理；陶先生终身奔波乡野之间，在教育界独辟蹊径，风动全国。论其业绩，各自不同。

当 1946 年陶在上海逝世时，我曾发表一篇悼念文，有云：陶先生是一往直前地奔赴真理的一个人，好恶真切分明……许多人受他感动，就跟着他走……我简直要五体投地地向他膜拜。（陶在晓庄办乡村师范学校。）

1928 年初次访问时参加考察，写有一篇较详记述，刊入《教育论文集》。

1931 年，在邹平搞乡村运动，曾借调杨效春、潘一尘、张宗麟诸君来邹平帮助我工作云云。

1937 年，我与陶共赴国民参政会……

1939 年，我到华北、华东游历各游击区，后到四川，联合两大党外人士，发起统一建国同志会，陶亦参加了。

1940 年，我送次子培恕入学（陶办的，在合川县澄江镇草街子办的育才学校，收容战乱中流离失所的少年儿童）。

1981 年 6 月 27 日于北京"静以修身,俭以养德"。此蜀汉诸葛公教诫语也。

与辜鸿铭之交往

读兆文钧所写《我所知辜鸿铭点滴》一文。

（略之）⋯⋯民国七年（1918）亦我任教北京大学文科哲学系时，他同在文科任教，讲欧洲各国文学史。偶然一天相遇于教员休息室内,此老身高于我,着旧式圆帽，老气横秋。彼时我年只二十五，而此老则大约七十内了。因当时南北内战，祸国殃民，我写了《吾曹不出如苍生何》主张组织国民息兵会的小册子，各处散发，亦散放一些在教员休息室案上，老先生随手取来大略一看，自言自语地说了一句:"有心哉！"他既不对我说话，而我少年气傲，亦即不向他请教。今日思之，不觉歉然⋯⋯

（按：以下为梁老谈话记录，今日梁老身体不适，午睡起得晚一点，从 4 点钟讲起。）

讲1949年新中国成立前后事

1949年建国时我不在北京，还在四川。那时长江下游先解放，上游三峡以内、上游西南，还是很乱，有土匪、国民党杂牌军队。入川的解放军有两支：刘、邓是一支，彭、习是一支，还有林彪四野。那时我在四川，办学在川东北碚。解放军的任务主要是清除这些国民党杂牌队伍，让地方能平安。

当时周总理，好像还叹惜！（天安门上有这张相片，毛主席旁边有张澜等。）说可惜今天盛会，有两人不在场，其中一个是我（梁），另一个是邵明叔（老先生）。后来传到我耳，是两个人说的：一个是罗隆基，一个是范朴斋。

三路大军入了川，我就在北碚，联起感想。刘邓大军装备较差。林彪部队装备好。彭的军队，没看见。

有个解放军营长对我久仰大名，来看我，跟我说，现在解放了，你可去重庆看一看。留下吉普车，告诉司机明天送老先生去看看。第二天准备去，一早我坐车就去重庆，一向是住在朋友家里（民主之家，郭沫若题的字）。

自己的经历：1950年出川，得当时统战部、地方统战部的帮助才出来的。在武汉还受招待，从武汉到北京。下车住北京饭店。没看见毛、周二公。他们在莫斯科订中苏友好条约，到了3月二公回来。这时我已到了北京。为了庆祝中苏友好条约，北京就庆贺，主持会的是刘少奇。我还是穿长袍去。王光美穿得讲究，类似西装，接待客人。在场的有苏联大使，大使讲话时，毛岸英是翻译。

我到北京，我去访问他们（吴玉章、徐特立二老）。过去在四川认识。吴态度从容，谈话清楚明白。徐就不行，坐多久由我决定。我访他看不出来，他访我就看出来了：不能自休，说话不清。警卫告诉他说该走了，他都不能自休。

李维汉、徐冰（邢西萍）是统战部领导。简短说，到了3月在东车站下车，等候欢迎毛主席，安排我在前头。毛下车看见我握手，说："你来了。""欢迎主席。""好！明天我们谈谈。"3月11日或12日，记不准。第二天邀我去颐年堂，留我吃晚饭。有个可说的一幕：毛说现在你可参加政府了吧？当时我不敢相信大局会安定。我说：把我留在外边不好吗？当时我狂妄自信，以为大局还用得着我，可以向各方面说话。（不了解时局，还以为是过去的形势。）所以没有承诺参加政务院。我说取天下容易，治天下不容易（大意如此），这跟我不肯参加政府是相连的。不晓得国民党一败涂地，根本不行。这种态度毛当然不高兴。这时毛之左右，当时在座的有林老（伯渠秘书长）说，该开饭了。毛说：开饭！开饭！我说我是吃素。毛说：今天全要素菜，今天全是素菜，今天是统一战线！

吃饭时，在座的除毛主席与我外，还有江青、林老，共六个人。

我见识不到国家还能全面统一、安定。全国又分六个区，我联想到各霸一方，没有认识到全国将真正统一。

毛说，你可以出去看一看，过去你熟悉的地方如河南、山东、东北，老解放区、新解放区可以去看看。我说好，我愿意出去看看。

河南分两省（平原省、河南省），山东、东北，都去看了。我还带着几个人去，学生辈黄艮庸、李渊庭等。东北招待的有周天行，他告我说，高岗忙，不能来接待，副主席（林枫）可以接待。

之后，高岗也来了。问同来几个，请来见面。对高印象：有时眼珠往上翻，只见白不见黑的。后来听人说，此公很坏。后来死在北京。

我住颐和园石舫对面西四所，时间不短，两年半。时间是1950年10月开始搬去的。

1985年11月23日　星期六上午

谈清末的见闻

亲见亲闻宫廷事，我怎么能亲见亲闻？因我十几岁在顺天府中学堂读书，顺天府古时称"京兆尹"。今天不讲顺天府，只讲这中学里读书，做学生。这时候是光绪末年（即光绪三十四年），学校忽然挂出一个牌示（布告），上面写着"大行皇帝龙驭宾天"（皇帝死的用语）。全校师生齐集礼堂跪下（向牌位）举哀，大家要哭。头一天是这样。第二天起来又看，是慈禧太后死了，照样到礼堂举哀。这个事情显然背后是个疑案，因皇帝与太后是敌对两面。追溯背景，即光绪被立之背景，就要追溯到同治皇帝。为什么要追溯到同治皇帝呢？因为同治是西太后的儿子，东太后无子，妃嫔生子，懿贵妃生同治，升格成为西太后。

她非常凶狠，同治结婚，女方是崇绮之女，嫁给同治为皇后，为婆婆西太后所不喜，不让他俩同居。一是因同治身体弱。有一次，皇后惦着皇帝的病，去看一看，不料正碰上西太后去看儿子的病，婆媳见面，西太后发怒打皇后的耳光。同治受惊就死了。这就有个问题，应当立后，承接帝统，但西太后不愿这样做。为什么？若是这样，西太后就成为太皇太后了，掌不了权，于是她立了光绪。当时光绪才是个四岁小孩，是醇亲王的儿子。光绪的母亲与西太后是姊妹（至亲），从辈数上来说光绪不算是继承同治的，而是等于同治的弟弟。那么同治媳妇，就成了寡嫂（本来是皇太后），现在把她摆在旁边了。她向她父亲（崇绮）哭诉我算什么呢？把我摆在一边。崇绮也没有主意。她只好耐心自处，无法，回宫就上吊死了。这是一个惨剧。有一位地位不高、也不是大官的人，名字记不起，但是被大家纪念。他上书说应当给同治立后，谏忠言，自己吊死了。所谓尸谏，忠于同治。这个人想起来了，叫吴可读，字柳堂，南横街的住宅保存下来，即"五柳祠堂"。我住南横街附近米市胡同里面扁担胡同，认识。

这个疑案，头一天皇帝死了，第二天太后也死了，又去举哀。二人又是仇敌，何以死得这样巧？当时有帝党、后党之说。光绪十九岁成婚，不能不归政了。这时还有一个可记的事情：从两面说，先说西太后。她感觉不能再掌权了，晚年要玩一玩，所以就大修园林。现在的颐和园，原来底子不叫颐和园，要修理好，作为她玩的地方，但要一笔大款。要动用一笔大款，这款是当时户部尚书管理，抗议说不行，说是储存下来专为开办海军而用的，不让动。慈禧就罢了他的官，叫他原官不动，回家休养（无罪叫他退职）。太后用了这笔大款子。再说光绪，后来有百日维新，当家了一百天，引用康、梁。推荐者为翁同龢，是他引进康、梁的。

百日维新，只说两件事：一件事，宣布广开言路，天下臣民，直呈所见，真是不错；另一件是引用人才。引用四个人。本来每人上朝，可与皇帝讨论者，叫军机大臣。照例由亲王做领班，同皇帝在一起讨论国家大事。以下是军机大臣有选择的（多半是尚书或侍郎），老头子思想主张不免陈腐，不合变法维新要求，所以引见了康、梁。康、梁不过是条陈自己的意见，没留在皇帝身边。另外用了几个人，谭嗣同为首的，刘光第、杨深秀、林旭（十九岁），不够格，称军机章京，章京是满洲话写汉字。

简短结论，关键问题就是百日维新的失败。失败在什么人手里？怕你、别人也想不到：失败在袁世凯手里！谭等推荐用袁世凯，调他来京，升官，称宫保，应当是"清宫少保"，即太师、太傅、太保之统称，"清宫少保"叫袁宫保。

袁世凯的出卖，维新失败了。

可疑的是光绪和西太后谁先死的问题。

还有我比较清楚一点的事：我在中学读书，我的同学邹世官，福建人。他说他胞兄的事。邹世官（原叫邹景什么的），他说起他哥哥叫邹景涛，号松生，出名的中医。闽浙总督听说皇上有病，专奏荐邹景涛到京给太后、皇帝治病。他赶来进宫了，就赶上两宫归天，太监忙乱，叫他等着，没人管他了。他不吃不喝，受不了，碰上一个小太监，要点东西吃。这个情节，是我同学告诉我的。就我所见亲闻就是如此。扼要一句话，结束我的这篇话：袁世凯是坏得很，但有实力，掌握陆军，谁也比不了。

（我说：接上次谈 1950 年、1951 年的事。）

当时土地改革，是共产党看得非常重要的一件事，不是在分土地，重要点不在此，表面是分田的事，毛主席之用意是不在此。在什么地方呢？在发动阶级的变化：要佃农、小农、雇农挺直身来做人，做有自己人格的人。消灭、打破这种阶级关系，入手好像是分土地，其实不是。因为理想的不是成为小农，在合作社初级前叫互助组，做个国家的公民。组织起来，互助组、合作社、人民公社，这才是向共产主义社会前进。这是主要方面。

我们去先是组织土改参观团，后进一步参加土改。当时四川分为四个大区，我参加的是川东，团长是章乃器，副团长是陆志韦。我当时从北京出发入川。参加土改团是我主动提出来，向统战部（李维汉、徐冰这两人，早相熟，南京和谈时）。

参观团我没去。后去川东参加土改（合川县），我还提出来让我的朋友黄艮庸跟我一块去。8月底离四川回北京。

（梁说我的小本子里有详细记录，你可拿去看。于是借了十本笔记本，带回。梁老又说，《1939年敌后游击区域行程日志》，箱子里有，以后再看。）

追记

在重庆与蒋介石说要到游击区去参观，蒋说很好，我们已经要派于学忠作为敌后游击司令，你可去找他。给了一万块钱及密电码，有事可与蒋联系。

又找中共方，当时周不在重庆，找秦邦宪，请他与延安联系，让我们去，并领导协助。

到山东见到杨勇、罗荣桓等。

（可查见于上述之笔记本中。）

1985年12月7日 星期六

（还所借十册日记，又借笔记本五册来。）

（见面，我问冯友兰《三松堂自序》出版事。）

我补充说一点。一天，接到一个电话，冯友兰女儿打来的。父命请到他家吃饭，准备派车来接，我马上一口拒绝，我说我不想去。她说："不需你找车，他来车。"我回答她说："我也有车，不过我不去。"电话到此为止了。

我就写了一封信给他。我就叙说当时我在北大教书的时候，在我班听讲的同学，除了冯友兰之外，后来都成了名教授，如朱自清、顾颉刚、孙本文、谷源瑞，都是一个班的。特别后来顾、朱最有名，可惜他们都不在。当时的同学、朋友就剩我跟你。我们两个人，有几十年前的关系，当时我二十多岁，你也是二十多岁。现在我们是老了，到九十多岁了。既然是老的伙伴，为什么我不愿见你？就因为你……这个问题，我认为引以为我们同学、朋友耻辱的。我不去见你。我怎么能去见你？你如果来看我，那倒是要接待你，不会拒之门外。你让我到你那里去，那是不可能。我就回他这一封信。

（我问：是什么时候？）

是最近的事，11月份里的事。后来我想电话拒绝不够，用信写了几张。

（我说：他走不动了。）

（按：此事大概是与我去访问冯友兰先生有点关系。之前，10月23日下午，我到北大访问冯先生，请他谈谈胡适与梁漱溟这两位先生。因为我准备为他们写传。当时我告诉冯先生，说我常到梁老家去，听他讲述自己经历。他身体很好，行动、谈话都很正常，没有什么毛病。言下之意，跟冯先生就大不一样了。当时我看到冯先生腿脚都不灵了，要人挽扶，坐下就不能起来了。行动不自由，讲话也感到吃力。因此我没敢多坐，怕影响他休息，大约半个小时，就告辞了。从上所述，可能由我谈起梁先生近况而引发了冯先生思念故人、老师之情，后来有邀请梁老一会之念。）

与陈真如之交（谈到陈1953年9月的发言事。）

陈铭枢（真如）是可以注意的一个人。我们关系是从佛学来的。日本留学时，常听桂伯华先生讲佛学。桂是杨文会先生弟子。近一百几十年，中国佛学的兴起，就是由杨文会开创。四大弟子都是江西人，各有所长，各有所讲究。四人：欧阳竟无在南京开办支那内学院，梁任公住南京时去听讲一个月；桂柏华、李证刚、黎端甫都出于杨之门。我对前三个先生都请教过。桂是佛教密宗。陈铭枢学陆军，常去听桂讲佛法。桂死在东京，临终对陈说，你要学佛学，你就去见欧阳先生吧。

我呢！也是每年都要去南京见欧阳先生，这样跟陈碰到一块儿，大概是民国九年、十年样子。陈还到我家（北京），那是民国十二年（1923）。那时熊十力住在我家，他跟熊先生认识，大家就认识了，以后往来很多。他在广东军队当团长，陈炯明部下。关于他本人，在政治上的变化，我们不需多说。可以说一句，很有变化。陈后来背叛孙中山，这些就不去多说。陈叛孙时，倒没有一直跟着叛孙（这是他的优点）。陈的号，用佛家叫真如。关于前后的变化就不讲了。

1951 年土改

谈 1951 年事，即土改，过去是说过一些。毛主席倡导大家去参观土改，后来转而就倡导大家不是参观而是参加土改，领导或推动农民起来解决土地问题。以土改为名，实际用意不在分土地，要一个一个农民挺起身来做人，不受地主压迫。表面上分田，实际是解决阶级问题、人格问题，要每个人挺身起来做国家公民。用意是很好的，用意在人而不在地。可是在土改中不免有偏差，也是不符合主席的意思。毛要贫雇农起来做国家公民，并不是要伤害所有地主，不要打他们，斗争是需要的，用意如此。但事情不能如他的意思，所有地主都大吃苦头。我是参加第二批土改团的，川东这团，团长是章乃器，副团长是陆志韦，另一个是孟秋江？可能是新闻界的。我是团员，向统战部说明愿意去，一个人单薄，要个朋友两个人一道去。后来统战部同意我带个学生去，即黄艮庸。我记得各自带行李，我还带蚊帐。川东包含几个县，我们在合川县云门镇住，住地主房产。地主被赶出来了。有偏差，事情不少。我记得跟我一同参加土改第一团（也在川东）的，还有东北高级将领于学忠（没在一个地点），时间不短，三个多月之久，离开是 8 月底回北京。

我记得，毛听到我回来，派车接我到他住的地方中南海，那么我就去了。章乃器谈话完告辞时，我到了。章已经作了报告，我就没谈土改的事情，谈了些别的话，现在记不清了。接着是开饭，我说我吃过了，没有参加吃。桌上摆着蜜桃，我吃了一个蜜桃。我是从颐和园来的。饭桌上毛主席要江青到南方去土改，江苏那个团长不让她下乡，后来回来了。毛对江青说：不行！你还要再下去。说这个话我在座。

刘邓大军在四川，第二野战军。我谈到邓小平办事作风，表示也很佩服。毛接着说，面孔不是对着我，回头取什么东西，顺口赞邓小平说：那是一把好手，军事、政治都行。这是我亲自听说的。

（我问：批判梁老的事是否可说一说？）

好像1955年，地点在中国科学院，就是现在北京图书馆隔壁，现撤掉了。批判一上来，郭沫若（院长）讲话，他讲之后，以后没有再来，主席是潘梓年。开场白是郭，后由潘主持这个会，题目是批判我，所以要我的学生、朋友都参加。

（谈到此，协和医生来检查身体，中途停止。）

1986年1月9日　上午

在中国文化书院讲课。原定讲题是:《中国、印度及西方文化的异同》,后改为专讲"儒家"。讲两个半小时。

（以上是梁老的开场白,接着对我讲起儒家学说。）

孔子以后的派别及儒家的转变

派别,孔子当时弟子就不相同,往后更多变化。韩非子的书里有一篇《显学篇》,已经讲到儒分为八,墨分为三。事实上儒分为八,后来没有像韩非说的,数不出八派,很难说得上来,没有流传下来。孟子、荀子两派,再往后宋儒、明儒了,程、朱、陆、王。王阳明门下也有好多派。六十多年前,中西哲学书里很重视,推王艮（心斋）一派。王本人是工人,海水晒盐，江苏北部。王阳明讲学，他的思想很有契合的地步。见王守仁，很有自信，不承认是学生弟子，跟王阳明坐在客位辩论，服了，跪下承认为弟子。第二天来翻案，说昨天那个不算，回来想想不对，又坐在客位，与之辩论，这次服了。王艮原来叫王银。王阳明改其名叫王艮，去掉金字旁。王艮的工人在他门下，不一定都认字。有工人、农民在明儒里叫泰州学派。我过去读书很推崇泰州学派。当时我说，把宋、明儒的讲学，跟外国的社会运动（工人）合而为一，不一定是念书人的讲学，与社会运动打成一片，我的思想，从王心斋来的。后来我搞农村运动。我很欣赏他，不是在书斋里讲学，而是面向工农劳动人民，等于是一种社会运动。后来在广东、河南、山东都是搞农村。

他儿子王东崖传其学，代表一种人生，当时思想看不对，人生的实践，不讲空谈。他的徒弟是劳动者。

（我问，章士钊先生也主张以农立国论？）

章行严没有实践，他有那个话，有鉴于中西社会不同。

搞农村运动的思想来源

从青年十几岁说起。我在十八岁年尾，跟一个广东的同学——甄元熙，是同班同学。他已经受孙中山同盟会影响，是会员，他来北京插班到我班。那时清朝还是光绪年间，根本学制未定，没有制度。清廷感觉到要兴学了，西洋人势力过来了，要兴学校，设学务大臣。这学务大臣叫张百熙，后有学部、六部衙门（吏、户、礼、兵、刑、工）。后设的学部，后来即教育部。在这种萌芽时代，我所读书的学校，高等学堂，念了五年半（没有一定年限，四年、五年都没有定下来），我十四岁进学校，同班同学有二十三岁的，很混乱的情况。

后改顺天高等学堂，算是此学校毕业。改来改去，五年半那年毕业了，算是读了五年半，辛亥年毕业。

这个时候，转来说革命了。

读书时，上海有于右任主持的《民立报》，这是革命派的报纸，在北京看得到。还有日本东京出版的梁任公主持的刊物《新民丛报》，停了一个时期，不长，他又出《国风报》（东京出版），可以说是右派。左派是孙中山这派，叫《民报》。他们对国事互相辩论。一主革命，一主君主立宪。这两派有论战。两方面的言论，日本书商把两派言论合起来，出一本书，题为《立宪派与革命派之论战》，东京出版，传到中国上海、北京，我都有，旁人介绍我看的。这书很有意思。接着说到参加革命办报《民国报》。

（讲到这里，我提醒先生说，讲过了，改题讲。）

人生问题

十七岁就有出家思想，在我根底很深。佛家有大乘、小乘。大乘是回世的，本身出世又入世，开化众生在迷执中，出而不出，要入世。这种思想与我的社会运动是相通的,同样救世。就人生方面来说,在政治方面, 国家大事来说, 要为社会尽力, 尽自己的力量, 必须从社会基层入手。我们年少时, 那时这种君主立宪运动潮流很有力量, 当然是受梁任公的影响。有一个人很有名, 很怪, 难测的人, 就是杨度。这人活动力非常强。没法形容他, 我们见过而且很熟。远一点说是本家的哥哥,也是湘潭人。他们很熟,那时湖南兵乱,族兄梁焕奎住在我家。杨常到我家来,他们相好, 有来往, 因而我认识。他的妹妹叫杨庄,嫁给王闿运儿子(名字一时说不出来了), 称王四爷。主要提到是杨度, 搞筹安会他是第一名。中国已经是民国, 帮袁做皇帝, 就是叛国了。

怪人也! 很旧, 很腐败, 怪事不少。我知道,有些不说了。比如, 他在这个房间里盘腿坐着, 隔壁房间有人, 他知道他在想什么, 这还不奇怪?

帝制失败了, 他是罪犯, 跑掉了, 在上海, 又到什么地方, 汉口? 地点不一定。有一个人潘汉年,本事也很大。有这一件事。有个人叫夏衍，潘引夏去见一个人，商量什么事，有要事，去看杨度。潘没有说去见谁，谈了一些话协商。时间不长，不一会儿两人一起出来了。潘问夏，你知道我们来访问谁？夏说不知，潘说是杨度，把夏吓一跳。

还有一事，他通过一个故宫博物院的吴仲超（1954年6月被政务院任命为故宫博物院院长），经吴手接济二十万元交给周恩来。吴对周讲，有些人帮助二十万，坚信你们的革命事业。谁？是杨度。（杨公庶告诉我的，1974年？）我看过一个薄本的书，这个书印刷的红字，是杨度的书。（其子杨公庶，杨公庶我们非常熟，政协开会在一起，住处也很近，汽车同坐来回，东四，新中街在辖口口外。）是杨度的诗，不多，很薄，红字铅印。值得一说的是，自称虎禅师。头一句是"我是禅宗虎"，署名是虎禅师。

（按：梁老讲完后，为山西《晋阳学刊》题签，应该刊高先生之请也。）

107

1986 年 3 月 5 日

讲婚姻（未谈而扯到佛教上了。）

先谈我出家为僧。（我说，谈过了。）想结婚的来历，是从身体要求来的，庙里住起来没有这要求。被蔡元培拉入北京大学，二十五岁讲印度哲学，"东西文化及其哲学"，这是在学校规定之外讲的。职务是讲哲学。课外同一些同学、青年，同他们课外讲演，不算学校内的，讲了两次。第一次在北大二院，讲的时间不太长，一个同学，德文系的陈政，他帮我记录。头一次讲，适应当时的要求。蔡、陈、胡等新思潮派，搞新文化运动，我讲印度哲学，同近代西洋文明与当时口号"民主、科学"不合，不时髦，逼出我来讲"东西文化及其哲学"。说明近代信仰，文艺复兴运动的信仰，同中国传统的文明……乃至印度的……

普遍的出世的宗教。宗教六派之说，从佛家眼光看，都是较早，比佛教早，佛教是后出的，作风很不相同。婆罗门教，阶级分高下，很厉害，贱民被人看得脏，不齿于人。佛家反对这样一个。释迦牟尼出来，主张一切平等。印度有很多宗派，佛教是晚出。一反常态，佛教不能太久，几乎消灭，后分小乘、大乘。小乘传到斯里兰卡，南传。大乘往北传，又传到西藏、中国内地。无论西藏或是内地，都是大乘，开头人就是达摩，梁武帝时代。后来发展很快，分南宗北宗。南宗为六祖禅宗，慧能和尚，担柴劳动者，发展非常广大。他的门下分开来传，传了很多宗派，在中国大盛行。禅宗不能概括佛教,他所发扬的几乎变了样子。（我问：胡适考证这个人？）他说，胡适之是汉学家来考，应当是会晤，真正禅宗是不见于语言文字的，彼此如何传教呢？故事。有祖师马祖，有人向马祖请教，当头一棒完了，启发教育，大喝一声，请教就大喝一声。这是禅宗的故事，可看出很特别巧妙。

有书传下来的故事。《景德传灯录》《五灯会元》之一，内容更多。

我说一点，大彻大悟不同，坐着不动立着死了，坐脱立亡。

李根源在韶关看见德钦和尚，死了枯坐着，端坐不动。我瞎说，他就是入定、静入定。戒定生慧，佛家讲戒律不杀生，由戒而入定，由定而生慧（慧悟明白）。（我说，讲婚姻吧？）二十九岁结婚。我年纪很小，十几岁时，不知怎么样就怨世，对人生持否定态度，十几岁想出家，看佛经。北京琉璃厂有正书局，我常去看《佛学丛报》，主持人叫狄平子，我喜欢买来看。金陵刻经处，杨文会开创的，欧阳竟无为其门下。门下有四大弟子，我见过三个，欧阳是一个，桂伯华是一个，与欧阳不一样。欧阳讲法相唯识，非常严格，字斟句酌，我喜欢这派，简释相宗。对立为性宗，金刚经。相宗不好懂。性宗也不好懂，不能拿普通人去理解它，把握不住。金刚经流传广。

我所留心是玄奘这派，另外还有伟大一派叫密宗，也叫真言宗，包罗很广，印度的都包在里面了。西藏密宗很盛行。吕秋逸（吕澂）现在还在，他懂密宗。

中西文化讲演是在济南，地点济南第一中学大讲堂。

（10点30分结束。）

（录手稿"卫西琴先生传略"。）

1921年，愚既有《东西文化及其哲学》一书问世，太原教育界邀为中等以上各学校作讲演，因得参观卫先生所主持之外国文言学校，辄惊叹其一切措施之新颖而寓有深意。先是某年，全国各省教育会开联合会于太原（按：此会于1919年10月在太原召开，杜威、胡适也出席）。卫先生率其保定师范的音乐学生来会上演奏，大获好评。复应山西当局邀请讲演于省政府。其时晋省当局方倾心军国主义，见之于各项施政，而卫先生不知也。在讲演教育问题中，本其夙怀，力诋军国主义，在座为之忐忑不安。不料竟引起当局某种觉悟，信其教育主张有价值，愿留卫先生于太原，俾实验其教育理想，即以成立不久之外国文言学校交由卫先生主持。

卫先生之学校，分学生小组，比如小家庭自己动手修整宿舍、厨房、厕所、讲室等，师生同劳动；办消费合作社，卫先生注意学生饭食、睡眠、大小便等。

（这些措施给梁先生留下难忘印象，我估计，这一套便是梁后来的先导。

梁极佩服此人，为之宣传。梁叫我看看。卫，德国人也，慕东方文明，欧战前夕，出国东来，游印度、日本到中国。太原认识后，有十余年之交好。抗战时断绝关系，流入日本。胜利后六七十岁了，推度在日本死去云。）

1986年5月3日　星期六

（3月5日拜访后，是春节后之第二次，已近两月未交谈了。政协开会期间，李希泌先生曾到梁处访梁，提到我好久未去了。李在电话中要我去。我因忙于《胡适传》的撰写，4月30日脱稿后可常去了。）

谈婚事。妻，黄靖贤，汉军旗，本姓黄，风俗习惯近于旗人，北京人，民国十年（1921），她二十八岁时和我结婚，有两个儿子：现在一个六十一岁，一个五十八岁。她生活到四十二岁死。十四年共同生活。当时大儿十一岁叫培宽，八岁的叫培恕。后来是朋友、学生帮带长大，有一段跟伯父在青岛。

死后，我有悼念文章，对她的评论，两个字：刚爽。性格就是这两个字。与其他女人不一样。好为小事生气，可见其寿命不长。

有一个朋友伍观淇（庸伯），广东人，清末新军，带兵，管带（营长）。我在读《河上肇自传》按语中，提到伍庸伯，谓："忆及愚所亲炙伍庸伯先生当壮盛之年，在世俗极好生活环境中，竟以怀抱人生疑闷而解官弃禄，求师问道，今此著者之事（指河上肇）正复有可举以相比互证云。"他的同学安排在队伍里的有：邓铿、叶举、熊略等。后来他们都成为陈炯明时的大将。

我的婚姻，是伍先生介绍，伍太太妹妹（靖贤）嫁给我。结婚后住崇文门缨子胡同。（我问：为什么想出家？）很早想出家，到北大，天天跟高级知识分子在一起，有争名夺利思想，"五四"前进北大，好名的心，心从身体来，引起两性要求。胞妹十七岁、兄十九岁结婚，我二十九岁结婚。伍观淇开始谈学来的，有个福建人林宰平，受知于林先生。他大我十四岁，在林先生处认识伍先生。因其夫人姓黄，故把她妹妹介绍给我。他跟李济深等有关系，从这儿起。

伍不想做军人，想研究儒家之道，讲儒学。

婚礼有二十多席，在席棚下大摆宴席，吃的都是素菜。雇双马车去迎亲。婚后生了男孩刚、女孩工，四岁、六岁都死了。

剩下培宽，在生物所。培恕，学外文的，在东欧研究所。

难产死，小孩没有留下来。

现在第二个夫人，是云南人，上辈云南，口音是北京话，名叫陈树棻。结婚时我五十岁（在广西），她说四十岁，瞒岁，实际是四十六岁。她原籍云南，生在北京，读初级师范，当家庭教师，后进入女高师学习，后为教员，由河南到广西。她同学给为媒，介绍人为云南同乡，早年高师同学姓罗的。罗的丈夫，广西人，名叫曾作忠。结婚仪式简单，把父相片供起来，新妇向先父磕头。客人很多，有政治味道。在广西，对蒋介石不满意，而我是民盟发起人，倾"左"，很多人来庆贺，表示倾"左"味道。林砺儒（教育界）

讲了话,唱了窦尔敦,在大厅里,我喜欢看《连环套》。不是唱窦尔敦文,唱的是黄天霸,主要是道白。

表演黄天霸,不算唱,只是说了几句道白。(我当时拿台湾出版的一本书给他看,上面说是唱,请他订正。)

儿子弟兄感情非常好,妯娌关系也非常好,孙辈彼此都很好,学业务有成就。大儿媳,一直是人事科长,入党很早;二儿媳学的是俄文,在中联部工作。两家合起来,孙辈三男一女。

广西无锡国学专修学校,唐文治创办,代校长姓冯,在桂林东郊穿山村。从香港退出来时,在这儿我住了两三年。先辈雷沛鸿,学政法,广西教育厅长、广西大学校长。我在广西大学住了两个月,"中国文化要义"开先就在这儿讲的,那时路过去香港办报纸。

(以下谈与罗尔纲兄弟是否认识。)

罗尔庄(弟)认识,搞东南亚问题;罗尔纲(兄)

不认识。越南、缅甸，在北京认识。近来很少见面，夫人姓白，医院护士，住院认识结婚，很早以前，原配。

（按：今日主要谈婚姻问题。借两本笔记回。）

1986年6月7日　星期六

（距上次一个月还多了。6月7日去，我先拿《三松堂自序》里的相片给他看，相中人除蔡、陈二位外，还有马叙伦，其他也不认识了。接着谈到，冯友兰于几月前由他女儿陪他来看梁老。主要是解释梁信中批评他谄媚江青一事。不好写信，亲自来谈谈，大意是孔子接近南后例，没法，只是应付而已。其他还谈了一个批孔的问题。……接着我提问题。我问：打倒"四人帮"以后的看法？）

这也可说的很多很长，但也很乱，主要的是江青。"四人帮"（王洪文、张春桥、江青、姚文元）主要是江青。还有一个人重要，"四人帮"中的张春桥。开特别法庭公审，我被邀去参加，列席去听，发一个证件，盖有公章，长方不很大，拿这才能去听。这又不是给你一个人用的,给两三个人用的,用完交回,另一个拿去又听,轮流用。我听,这是三分之一,不是每次听到。特别法庭审两个案:"四人帮"一案,"林彪集团"一案。至少听了三次(听了几次我记不清了)。张一言不发。上边法官说,你不说也不行,开导他也不说。三次都是一言不发,法警挟着拉走。王洪文老实,问什么就说什么,态度还谨慎老实。问江青时,她的话特别多,上边法官制止她,她东拉西扯说,扯到周总理很多,法官说不问你不要说,两个法警把她送下去。江与张两个相反:一个是一言不发,一个是说个没完。话多,把她送走,一边走一边还要说。姚文元态度不是太坏,既不像张春桥一言不发,又不像江青说之不已。四人情况是这样。

关于"林彪集团"案审,我没有看见审他们……

没有想到华国锋、叶剑英配合办了好事,和汪东兴三个人配合分别把"四人帮"抓起来的,在怀仁堂。

（按：无法深入，另起题目。）

（问：乡村建设思想是否是受卫西琴影响？）

不是。是清末行宪政，五大臣出洋。英国宪政最好，由宪政来的。孟德斯鸠有著作，严复翻译，叫《法意》，讲三权分立。英国实行宪政，循序渐进，自然发展，不成文，不是一部宪法，一次公布。大致说由贵族院权大，慢慢移到参议院，慢慢地发展，争取公民权的运动。辛亥革命后，民国初年，大概讨论这个问题，先有一部《临时约法》。政党方面开头叫中国革命同盟会，后认为革命党不合了，要改组同盟会，宋教仁是主要人物，在虎坊桥湖广会馆。我参加了。张耀曾参与，宋、张两人合作搞的。革命已经成功，需要一个普通的政党。于是吸收一些小党，改成国民党。当时在改组上有争论。几乎闹成风潮。争论孙中山先生领导的同盟会有女党员，而改组后的没有女党员。当时会场上一千多人，有原来同盟会女同志，第一个是唐群英、第二个是沈佩贞、第三个是伍崇敏。这三个人不答应，说同盟会员，排除了她们。改组派解释，我们以英国为例，英国现在还没有公民权，妇女还在争取参加选举，中国以英为模范，中国也应该没有。这三位女同盟会员不答应，上台抓住宋教仁要打。这情况我在场，8月天热，满身是汗，上午八九点开，开到太阳落，秩序很难维持，靠孙、黄二公到场解围。夏天，二人都穿燕尾服。黄先到，先请黄讲话，黄轻松过去。孙到，请孙讲话。黄讲不很长，站在台上休息。孙讲话也是热得不得了，老掏出手巾擦汗。张继在旁边，低声说，还得讲，这样大家不好意思闹。他的话一停就要闹，上台打宋教仁。拖延时间到很晚，借他的威望，三女不好上台闹。靠这样来维持会场秩序。

一千多人选举，发票，这时天已经很晚了，发票，收票，选总理，勉强维持而没有大闹。我在场，属新的党员。天热，手里扇扇子，还是出汗，手腕都疼了。勉强收票，快黑了才散。我是普通党员。很多人要闹，我就算劝架不要闹，最后这三女也没办法。

乡村建设思想之来历

我是宪政的信仰者、崇拜者，特别崇信英国，它是限制王权的，市民阶级起来要限制王权。（现在有女首相。）英国宪政，好在不成文法，宪政是慢慢养成的，公民权也是一步步发展的，随时变迁，今天居然有女首相。孟德斯鸠是三权之分立者，严复翻译，事实上的演变，是自然的。自然的是最好的。法国、美国则是模仿英国。

我标八字：团体、组织、科学、技术。

宪政基础在地方自治，最基础在乡村。从上面搞的是假的。我是要搞实际的，不能搞表面文章，真事情要从农村入手。"团体、组织、科学、技术"八个字。

有机会乡治在广东开始。李济深支持，乡治十讲，在广东开办，没有实现。北上，在河南搞乡村学院，搞了一年，遇中原大战，搞不下去。转到山东，好了，搞了七年。名词改为"乡村建设"。

（今天梁老送了他的相片。）

（按：梁老的乡村建设思想，我认为还未谈清楚，但他有点烦了，下次再继续请教。）

1986年6月21日　星期六下午

（取我《胡适传》稿，征求意见。）

对胡适意见

关于胡适问题，他那个人可以说在学术、思想界有贡献，这就是他的白话文、新文学运动、新思潮，在北大开出来，他是头一个有功的。不过他这个人，所以能享大名，是因为他的头脑明爽，可是浅，浅而明，这两个字。他是不能深入的。这个人，我说他不能深入，一般。当时中国，那个时候，"五四"之前，民国八年(1919)。我受聘北大是民国五年(1916)。民国五年我正忙。在司法部任机要秘书，没有到任，托朋友许季上代课。第二年，民国六年（1917），我进北大，那时胡适已受聘，还未到任。跟他相好的安徽朋友高一涵，高是北大法科教员，高与他相好，租房准备与他同住。地点很偏僻，靠城墙朝阳门竹杆巷。我去看高，说胡适之快来了，我与他同住。时间跟我是同年，差两个月。

他对北大、对学术界有贡献，就是他的新文化运动、白话文。这个的确好，打破过去谈学术总是文言文。他把这个打破，这是个创举。这个创举没有蔡先生主持北大，那是打不开这个局面的。那时候好像一谈学问，只有文言文，打破这个，是蔡支持下胡的功劳。当时有两个人反对白话文，写信给蔡先生：一个是章行严，一个是林琴南。说学术思想白话文不行，不能表达，不能胜任。蔡先生有回信，回信说，我们没有成见，没有说一切都用白话文，可以同行不悖，引用几句还是可以的。这很好，是个解放，要解放。章行严、林琴南反对，蔡都答复，不能够拘守一定要用文言文。这个事情，应当是个创举，而这个创举是胡适之之功。反对的空气，领头的是章、林。

（梁漱溟谈胡适、陈独秀，较早文章可见于1942年《纪念蔡元培先生》一文，载于梁著《忆往谈旧录》，八十九页。）

在北大教授里不喜欢用白话的占多数。有名的是黄侃，黄跟章太炎、刘师培学习过，他们都是古文好的。那个学问我都讲不来的，文字、音韵、训诂，那我是不行的。我进北大完全是一个偶然，论学问、资格，我是不够格的。（我说，您是谦虚。梁老说，不是谦虚。）讲文字、音韵、训诂，我都外行。我没有注意，没时间去弄，如王念孙、刘师培。北大有学问的人多：顾颉刚是学生，在我班上；冯友兰都在我班上；有位学生，大我五六岁，叫谭鸣谦，这人后来叫谭平山，有大名；还有朱自清，都在我班上听课。论学问，他们好几位都是我所不及的。一个没有学问的人为什么跑到北大教书，讲佛学，讲中西文化？我是出奇制胜。（我说：说得好。）我到北大讲印度哲学，几乎没有人讲。为什么我会走向印度哲学这个路？我十几岁就想出家为僧，想当和尚，没人指点、引导。自己对人生是持否定态度，而不是肯定。（我问：为什么？）佛教对人生是持否定态度。道教出家，留头发；和尚不许，须发必除。道教对人生是肯定的；佛家是否定的。简单一句话，十几岁我就要出家当和尚，到二十九岁才放弃。二十九岁，民国十年（1921），年尾，我才结婚。在北大已好几年了，那时才从佛家转到儒家。

转到所谓陆象山、王阳明一派。陆之门下，有一位叫杨简，字慈湖，他喜用"本心"两个字。有名的故事，所谓扇词。（是者知其为是，非者知其为非。）做官判案，陆在他衙门。他向陆请教，陆给他点出，你的扇词，就是你的"本心"，一般人不能认为是"本心"，这所谓"良知"。"良知"是从《孟子》里来的，这里大有深浅，普通人爱说良心，不是假话，但不深入。人们常说我良心上如此，本着良心来的。可这是世俗的，常常因时因地，不同的时代，不同地域、空间的人，他们都有所谓的良心，这良心浅得很，是同时、同地，实际上是个风俗习惯，一般的社会，通常这样为对。但这对，不一定真对，有独到的人、独到见解的人，不这样走，要革命的。他有良知的，超过世俗，所以旁人见到他，他是能够开创新局面，为社会开出新道路，比如毛泽东就是这样。毛就是这样的人，列宁都是这样。他从里面发出来，本着本心，不随世俗走，要革命，真革命的人，就是这样。真革命是本着良心来，真是有劲头的，所以能创新局面。这种人物当然了不起，世俗认为"是"，他认为"非"，不能跟流俗走，这样才能开出新局面。

（我问：胡适能算吗？）

胡适谈不到，不能算。他头脑聪明，不受世俗拘束，可他怕共产党，不喜欢谈革命，总是说：谈问题，不谈主义。那时北大热闹得很，有人讲英国基尔特、法国工团主义、苏联社会主义及布尔什维克主义。北京大学思想五花八门，这个确实是蔡先生的功劳。

蔡非常温和，平平常常，内心思想见解说出来，别人奇怪、害怕。（我念《胡适传》的总结评论，向他请教。我问有错误吗？）就是没有解决那个问题，胡适为什么离大陆跑台湾？胡适怕共产党。总结评价对。（我念他听，他表示赞许，连说对，对！就是这样。）我跟他在北大，他是教授，我是讲师，那时他没结婚。夫人江冬秀，不是自己选择，后来回家结婚的。回去想跟冬秀见面，冬秀拒绝，结婚才见，你来我不见。（梁老按习惯把"冬"秀读作"端"秀。）

他接受早期定下的婚姻。（我问：佛家思想以后怎样？）跟高级知识分子打在一堆，引起争名好胜的心。这心，跟身体有关系，这是世俗念头，与出家念头矛盾。这个矛盾在内心，自己交战，一个大问题了，失眠闹得很严重，我就跟蔡先生辞职。他说，你不要辞职，可请假。故有一段请个长假。我请假，住在现在的动物园，昔日叫万牲园，最早农事试验场，西太后还去游园，有个楼是她休息的地方（西边）。

我请假在现在的动物园，俗称三贝子花园，后面往北去（河边），有个破庙，叫极乐寺。这个寺庙顶子透天，里面住着一个老和尚，这是了不起的人，山东人，身体高大，头也大，脸长，叫省园法师，禅宗开悟的，了不起。他住西厢房，我住北房靠殿，还有一个和尚，管饮食。天不明就起来了，我跟老和尚吃粥。老和尚高年，吃完出去散步。这样住了四十天。那时我正讲印度哲学概论，有些英文本子讲印度哲学，有个哲学作者叫马克心米勒，讲六派哲学。我当时的朋友吴承仕，他有日本人讲佛教的书，有一个井上哲次郎，讲印度哲学，讲所谓六派的，六大宗派。最著名是两派，一派是数论派，一派是胜论派。中国大藏经里的名词，外道的也有几种，他们的经典大藏经也翻译有。（我问：哪一年的事？）是到济南去之前……后来销假了。

最后离开北大，好像民国十三年（1924）。我在北大首尾七年。辞职自己办学，旧的讲法是传授知识、贩卖知识，不是真正教育。辞北大，自己办学，口号"以

130

青年为友"。

我所欣赏的，领我开这窍的，是王阳明门下，有一派泰州学派。王银，阳明先生说，不要金字旁，叫王艮。他是海水盐工，本不是念书人，听阳明的道理，跑去见阳明先生，是客人。王以客待之。谈话后，很佩服，当场跪下磕头，认老师。第二天来否认，又当客人相待，与王讲道理，佩服，再次行礼，认老师。王说，我擒他好不容易。王心斋（王艮）儿子叫东来，也传他的学问，还有农民、工人都认其父子为师。

欣赏他开门见山。因为他不一定是念书人，门下有农民、工人，合于明心见性那个话。

我有一篇长文，把熊十力的文章全找来，写一篇评论他的文章，题目《读熊著各书书后》，没有发表。写时熊还在，没给他看。我托人带到杭州给马一浮看，马先生回信给我，说我承认你对熊先生的批评。

1986年7月19日　星期六

谈第二次自杀情况

（我说谈第二次自杀。他说，已经谈过了。我说还没有谈清楚第二次自杀！）

二十岁那时，广西送青年出国留学。第一次出门。刚好有两位广西同乡，在北京法律学堂学法律的，本来是法官来补充学习，仍回广西做法官，其中一个是姓张，三十来岁，别的一位记不清了。他们两人还要回广西做法官，我父亲托他们带我到广西应考。当时由省派留学生，保送本省青年出国，我籍贯是广西，因此要回去考。如果考取，便由广西出资派遣出国。我们从北京到天津，旅馆停留，这两人就去娼妓家（花天酒地），我很不愉快。到南京下关，大旅馆很热闹，旅馆房间有客人，娼妓随便撞进来。（略停，思考。）我对这事很怨烦。我就留条子不辞而别，搭火车去往南行，去看要好同学。这位同学叫杨权，无锡人，号叫杨通辅。我就去看他。决定不回广西，对世界、人事怨恨，想自杀。去看杨权，准备告诉他，希望他在我自杀后，向我北京的父母报告。杨权发现我这个意思了，他劝我、安慰我，送我一半路，转北上的车回家，这是一次。

还有一次（第二次），去西安。为什么去西安？因为我的胞兄留学日本，明治大学商科毕业，回国在清廷考得商科举人，与考八股不一样。旋即（民国元年）清廷就完了，这时有一位陕西人，留学日本的同学谭耀唐在西安办西北大学。他拉我大哥去任西北大学教员。那么这个时候好像是火车陇海路还没有完全修通，修到一个小的站口，没有更往西，只到观音堂，通到此。下火车坐骡车往西行走。

这个时候，我不是一个人走，是送我胞妹就任。西安新设的女学校，需要教员，而我这胞妹刚好在北京京师简易师范学堂毕业，程度很浅的，不过也是培养女教员的。这回我是陪胞妹去的。但是很不相当，她比我小三岁，十七岁。教课还是可以胜任，而学生岁数大，学生看不起她，进行教学很难，三个月教不下去了，这又需要我送回北京。大概在这往返过程中，引起我烦闷，又起自杀念头。那个时候，辛亥革命后，西安有"满城"，清朝驻军，设有将军、副都统，这西安就有满洲人驻军，一般称为满城。我记不清，总而言之，引起我的烦恼。汉人起来革命，满洲人死了一些（停止了）。值得一说的是素食。（按：这里用词还是旧的习惯，如"汉人"、"满人"是也，且有忌讳，回避，闪烁其词。）在大哥住的地方，自主吃素，从此吃素，至今都是吃素，从西安开始。

回北京，经过郑州，火车刚通不久，也许有那个现象，我们还是停留在旅馆，又是看见乡下女孩子，穿着红的绿的衣服，脸上抹粉、打扮。我们住在旅馆，撞进来到我住的房间，娼妓性质，我推她出去，她看我陪我妹妹在坐着就出去了。这事引起我对这现象的怨恶，不单是怨恶女孩子，而且怨恨人生。对女孩子倒是同情、可怜，这些都是让我自杀的念头。可以说得上来就是这些，如果往深的说，我不知说过没有说过，十七岁想出家为僧，有对人生怨恶的情绪。

（按：这次比上几次连贯一些。）

四人结拜（《自学小史》里）

四人结拜为兄弟，大廖（福申）、二王（毓芬）、三我、四广东人姓姚（万里）。酒楼喝酒，吃蛇、虫、蟹，廖大哥提议，不叫大哥、二哥、三哥，他不喜欢。每人取一字名:惰、懦、傲、暴（《自学小史》里有）。大惰，其实是最勤的，傲是我。（我问：对吗？他反问我，你以为？我无言以对。然后他自言自问地答道：是这样，我从小自视太高。）廖大哥取的字，当时廖说英文。

1950 年毛泽东请吃饭，邀请参加政府

我有个错误，当时自视太高，保持第三者地位。他不高兴。（马歇尔元帅是国际第三者，我是国内第三者。）开饭不开饭？毛说：开饭。我说，请给我一两样素菜。他说，全开素菜，又说，今天是统一战线。我看不清楚时局从此就能安定下来。我感觉他心中不愉快。我、毛泽东、江青、林伯渠四人共餐。吃完饭，特别谦虚，送我上车。

1953 年时，我要看毛主席有无雅量收回他的话（后面说的，我在前桌旁讲话）。这时他恼了。……我很不好，对他尊重不够。他是建立中华人民共和国的国家元首，能够有新中国，是他的领导，我的话对他尊重不够。

之前，常接我到中南海闲谈。被邀请者，另一个是章士钊。他来接，自己想去是不行的。与行严先生谈逻辑；跟我闲谈，说天天同党内的同志在一起，想听听党外人士谈，听听意见。

以后就不派车接。

1957年回广西，有任务，把广西改为壮族自治区。
黄绍竑反对，说我们汉族是多数，为何要改？
总理给他解释，虽然汉族人多，但我们尊重少数民
族，广西人不了解，要我们回去宣传。因我犯错误早，
问题已成过去，我又没有什么"右派"的那种表现，
所以"反右"时没有我。我完全没有说话，一言不发。
（我问：有人动员你？）我记不清了。总之我是漏网
之鱼，因为1953年的风潮在前，到1957年没有注意。
（我问：你批判别人了吗？）我没有。我奉命到广西，
我同意改自治区的，总理让我去宣传，需要改。黄
绍竑不赞成，后成了"右派"。

第一次入政界

民国五年（1916），当张耀曾（司法总长）的秘书。
从小他就喜欢我。他是我母亲的堂弟，我称他镕舅。

为什么离开北大

先生讲，学生听，这种关系不好。自己办学，我有一篇《办学意见述略》，其中要紧一句话，就是"以青年为友"，不是在那里传授知识，"在人生道路上以青年为友"。

那时在北京招生，学校在山东，所以各省学生都有。

我总是有一个小的朋友集团，一直存在，以青年为友。一班人以我为中心跟随着我。抗日时退入四川，小集团还在，二三十人。生活是负责一个学校。闲居时有一段，是朋友接济，在经济上帮助的有三个人，一是李济深，二是陈铭枢，三是张难先。

与李相处，初是听伍庸伯讲学。连襟关系，我的婚姻是他介绍的。张长我十九岁，北京"五四"新思潮影响到全国，他到北京来看看新思潮，本着好学之心。之后，把家乡儿女带来北京，住西直门大街新街口路北小庙，送孩子上学。他的朋友熊十力(子真），湖北人，南开中学做教员，教国文。张当初是军人，在张之洞学兵营任职，通文墨的，当兵的，曾任过黎元洪都督府参谋。辛亥革命学兵营起来革命。他三人都在广州，张是财政厅长，兑钱给我是后来在广东的事。

（我问：养生之道？）

少吃多动（四个字）。

1986年11月6日　星期四下午

谈教育思想

就事实说一下，很早在北大教书，民国五年（1916），受聘在北大，蔡校长约我讲印度哲学。当时我很忙，没有能够任职，在司法部任职，不能兼北大事，实际上来不及，就托一位朋友——许丹，请他代课。蔡先生要我到北大教什么？因为他看见我写的一篇论文，发表在《东方杂志》，题目是《究元决疑论》，内容是一个：对古今中外学者诸子百家，都有一个批评、评论，单独推崇佛家。这么一篇文章，蔡先生看后认为作者好像能够古今中外都通吧，很有哲学价值，他由此要我到北大教书。这是民国五年，我正在司法部当机要秘书。

当时北京政府号称南北统一内阁，西南护国军倒袁之后出现的。蔡锷与其老师梁任公,从北京暗中偷走到西南的广西、云南、贵州等省,号称护国军反对袁世凯,在广东肇庆组织军务院,袁世凯因为各省响应,气死。这时,当时说法,恢复法统。之前,袁把国家宪法篡改,另外开过一次约法会议,把政治制度都变了。他把大权独揽,在总统府内设政事堂,下设各局。我记得有机要局、印铸局,诸如此类,总其上是国务卿徐世昌、左右丞等。简单说吧,大权独揽,妄想做帝——"八十三天皇帝梦",引起护国军、各省响应,气闷而死。

段祺瑞开始反对。反对不成,辞官不做,隐居西山。……袁死前,找段回来,将后事交给他。段请黎元洪出来。而当袁世凯做皇帝时,把他封为亲王,他闭门不纳,表示反对。黎的态度是正确的。

段回来后,请黎继任大总统,黎任命他为国务总理,当时称为恢复法统。

倒袁、恢复法统是西南护国的力量,段就请西南各省推出人选，来北京组织南北统一内阁。代表西南来京的是张耀曾。张是云南人，代表西南参加北京政府，而张耀曾是我先母的堂弟，素来我称他镕舅（镕西是字），自来喜欢我。他从上海坐花车开到北京，火车上扎红缎子。他在北京车站下车，亲戚也去欢迎，一个个握手，看了半天，他问我胞兄，寿铭没有来？胞兄说，他没有来。他说不行，叫他来，叫他搬到我的新居，住在我家，在我身边，给我做秘书。那我只好听话。我为什么不去迎接，因我不赞成。一次组织政府不得当，不好。段资历很高，其他阁员，分量不够，包含张公本人，我认为年纪太轻。他从民国起就有名，在议员中是孙中山这派的头子、领袖，是众民所归的，说的是过去。那还是回到袁世凯毁坏法统时，他原在北京教书。暗中回云南参加反袁，都是倒袁派。

　　袁死后，黎、段出来了。

　　（就全国来说不够，张本人也是如此。）还是军

142

人掌权。假如说是岑春煊出山、梁任公出山，他们有分量，那各省的掌权者对北京政府就尊重。如果是这样就好了，分量就很重。张做个秘书长，联系各方面就合适。可惜事实上没有这样办。这说明我不大赞成，所以没有去欢迎。

可是木已成舟，我同他的关系，并非寻常，我还是只好搬他家去住，做亲信秘书。当时住在政府安排的住宅，机织卫胡同，房子很好。秘书，按时组织，四个秘书，两个云南人，我、沈钧儒。云南人是席上珍，还有是杨学礼，不重要的人。

我年纪二十四岁，太轻；沈老，四十二岁，本是浙江副议长，很有地位，因为与张公交情素来很好，也被拉来任秘书。

这有个情况要说明一下（重要）。即从民国二年（1913）开国会以来，议员都有党派关系。最有名的是：一为国民党；一为进步党。国民党偏左，在同盟会的底子上组织起来的。进步党梁任公未出面，实际上是梁的朋友、学生在搞，因为他不是议员，所以未出面，实际上汤化龙、林长民等在搞。政见彼此不同，一个偏左，一个偏右，在制定宪法"地方自治"这章，争吵得很厉害，宪法未制成。

再多说一点，推出五个人来起草宪法，这一直被称为天坛宪法。五个人开会起草，五人之中有偏左、偏右的，故拟出的有两部草案，交由国会定案，一读、二读、三读才能定的。起草出来的两部草案：一部是梁任公执笔；一部是张耀曾执笔的。这么两部，有待国会讨论。结果记不清了，是交国会已否？这就出了乱子。简单说，袁世凯派军警收缴国会议员的证书，说某些议员参加二次革命反袁，所以袁世凯（湖口之役）收缴证书。这么议员少了，不够规定人数，国会开不了，等于解散，都是在民国三年（1914）或民国四年（1915）时期。

再回头说，袁死，黎、段出山，恢复法统，召集国会开会。各省来京者经过上海，大量的。多数人来京之前，大家商量，都有一种觉悟，说国民期望我等，希望宪法制出来，大家不要存党见。相约到京，两大党不提，制宪第一，共同任务。那么好，当初的话就不提了，两院有八百人之多，自然有些组织。这个组织，宪法研究会；那个组织，宪法商榷会；又有宪法讨论会；还有叫丙辰俱乐部的，因为这年是丙辰年，马君武是首脑；还有益友社（好朋友）；如此等等。

末后要说一个大的团体，人多，为政友会。有不少参众议员参加，人数较多，头脑人物不少，如李根源、谷钟秀、张耀曾、钮永建等一百多人。杨永泰（政学会）延续不少年，在广东（研究系、政学系）跟宪法有关系。后来组织没有了，只是说当初是哪派的。杨是政学系的人，做蒋介石亲信，拉几个人合作，著名的有张群、熊式辉。三人合作在蒋方面很红、很掌权。因为被人嫉妒，被二陈（立夫是主要的）嫉妒。他亲口对我说："我专杀共产党，死在我手的有过千。"

但他是北洋大学工学院出身。

有两件事顺便说一下。

一是有个外国朋友，德国人，国家银行总裁的儿子，天才很高，在德国入大学，入这不满意，又入另一类也不如意，又转学学医、学文……最后学音乐，以音乐博士毕业。学的东西很多。音乐与心理学有关系，故又研究心理学。由心理学很反对德皇、军国主义。那么他就经朋友介绍，可以找个知音，是法国人音乐家。他去访问法国人音乐家，法人说，你的音乐很适合于东方。他去伦敦图书馆查询后，向往东方音乐，高雅、好。他又访问了一个教育家梦德索雷①（女，办幼儿园、小学）。他经过印度、日本到中国。他跟我谈话，很满意。至于日本音乐界情况，他认为日本、上海也是在模仿西学，他看不上。那么中国音乐界，也在搞西洋音乐，我认为粗鄙的，很失望。请他讲演，

---

① 今译蒙台梭利（Maria Montessori, 1870~1952），意大利女教育家和医生。

有人翻译，他总是直言不讳，反对学西洋的音乐。很多人不了解他，言论放纵，很奇怪，有人认为他是疯子，骗子。正在这个时候，第一次欧洲战争，德国被包围，家里钱寄不来，很落魄。他写了一篇德文论文，寄给严复求其翻译发表，严因故未审阅。故又再改了，申述己意。他听人说，中国人里面最懂得外国的人，不过于严复，他投书给严先生，说没有遇到一个知音，欧战起，家里不来钱，我要自杀，写最后一篇论文，也许你看后，我可能死了。严在床上抽大烟，在烟盘上看见，马上写信给他，说我帮你翻译，不要死。后在《庸言》上发表《论中国教育议》，先有介绍的话，就是上面所说的话，严的按语，介绍的话。

这就回到我。我从这上面知道这个人，知他的思想。一方面很注意，一方面不知其要点。他称赞中国古文化。

正是他穷困时候，这时，也算一个救星，保定高等师范学校聘他做音乐教员。他学中国话，半通不通，学不好。在保定高等师范，做他助手的叫杨文清。他从杨等学中国话。

我与他的关系，就是我到太原应聘算是讲演，这时这个朋友叫卫西琴，在太原与他相遇。

简短说，我在太原参加全国性教育会议，各省都有教育会，大家来开会，如黄炎培是江苏教育首脑。这年刚好在太原开会。

卫领一班学生、助手也到场。奏音乐给大家听，乐谱据说是中国乐，见于《永乐大典》。给大家听，大家很欣赏，也很奇怪，外国人欣赏中国古乐，大家欢迎。请他讲演，痛诋德国的威廉，反对军国主义，说它是野蛮，应当世界和平。这个言论，刚好引起了当时太原首脑阎锡山注意，就留他在太原办学。办了一个外国文学校，教英语、德语等。……我去参观他的学校，非常引起我的注意：很特殊，一个外国人，非常佩服中国文化，客厅请人写中文字，写的是四书、五经的话。他最佩服《中庸》，可惜《中庸》我也背不得，他能背出来。（我劝停止，因我 6：30 存车时间快到了。）

（按：今天送《胡适传》给梁老，并请为单行本题签，3：30—6：00，谈锋甚劲。我因存车在东单 6：30 止，故提出暂告终止。今天只有谈"卫西琴"还未完。前面所说的两件事，才谈了一件。）

（梁漱溟评胡适，还可查看《漱冥卅后文录》，二十页。其中《答胡评〈东西文化及其哲学〉》说："我们同胡适之陈独秀都是难得遇着的好朋友呀！我总觉得你们所作的都对，都是好极的，你们在前努力，我来吆喝助声鼓励你们！因为，你们要领导着大家走的路难道不是我愿领大家走的么？我们意思原来是差不多的。这是说我们同的一面。"但也有根本不同的一面。）

1987年3月9日　下午

（去探病。）

（已好。故谈了半个多小时，是接着上一次谈教育思想。受影响有二人：一是卫西琴，一是陶行知。）

陶是影响最大的人。向他那里借人，照他那里办学。

陶借（调用）三人：一位是杨效春先生，一位是张宗麟先生，三是潘一尘先生。先后请来帮助我们办乡村教育的。三位思想不一样，有的偏左（倾向共产党），有的偏右（国家主义派青年党）。

如何与陶认识的？他在晓庄搞乡村教育，他的口号、宗旨："教和做合一"，实际做不是空谈。如何教？如何学？陶先生本人了不起，留美，南京高师教授。辞教授，自己下乡搞教育，主要是乡村教育，对象是农民。当年留学生是西装革履，而他却穿中装草鞋。地名晓庄，原是大小的小，后改拂晓的晓。深入农村，与农民打成一片。蒋介石认为他走共产党道路，强迫他解散。抗战起来，他的作为是很可佩服的。有许多难民，从北京、天津一直往南逃，难民的孩子在武汉被他收容，收容之后，领着入川。他办乡村学校，地点在重庆北碚嘉陵江边上游草街子。我是很佩服陶先生，我把我第二个儿子十一二岁送到他学校草街子。他办学很苦，没有经费，凑钱。收穷孩子。没法，周恩来去参观送了四百元。他1946年在上海故去，周恩来在南京，赶去看他，料理身后事。周与我们在南京和谈时。

第一次见面，我从广东出来，到他那里参观访问他。

我办的是勉仁中学，在北碚，与他办的都在嘉陵江边上，相隔不太远。

来往不用说了，各有各的责任和事业，各人忙各人的。在山东时向他借人才，帮我做事，在山东时期。

陶受杜威影响。那时杜威讲平民教育，胡适担任翻译，杜威来讲。我记得我写过一篇文章，记不清楚了，文章在何处？不是在报上，现在不好找了。胡适在北大，杜威在北大讲。

1987年5月13日　星期六下午

（访谈，开始未记录，后来记了。）

先是熊十力，在《庸言》上发表文章反对佛学。

他不赞成佛家，站儒家立场。我在北大是佛家，发表《究元决疑论》时，我批评他。之后他写明信片，要北大转我说：你批评我的话很好，要放暑假了，我到北京访你，见面谈谈。他来北京住广济寺，收房租，他租一间住，通知我去见面，这样开始的。一见面就谈佛学，我说不懂不要乱说。我指点他到南京见欧阳竟无，南京内学院金陵刻经处。他到那里去，是因我介绍，进入此学院。听欧阳竟无讲佛学，讲玄奘那派（唐朝）。唯识论此为佛学中最严肃认真的一派。玄奘下是窥基，撰《成唯识论述记》。我以前就是抱着《成唯识论述记》钻研，一直是抱着这本书的。

这本书就多了，有二十本。

我在北大，先是讲印度哲学概论，包含讲佛学，实际是讲古印度宗教六派。英国、日本学者都是讲六派。这六派在佛家看都是外道。我写的是一面讲六派，一面讲佛教。

我警告他，介绍他去求学，这时我在北大。单独讲唯识论，拿新的讲法，与西洋人讲的科学，互相印证来讲。我出版的《唯识述义》引了许多科学家的话，跟"唯识论"相印证，那么出书。一边写着一边讲，慢慢讲不通了。自己觉得不好乱讲了，我才跑到南京欧阳先生的学院，请内行来讲。请来人——吕秋逸（吕叔湘之叔），欧阳先生的弟子，我想请吕秋逸来北京讲唯识法家。我讲不下去了，而欧阳先生离不开吕秋逸。欧阳不放，这时我介绍的熊先生学习已经三年了，实际是不满两年，首尾不过两年。欧阳不放（吕），我只好把熊先生请出来了，请他来讲唯识法家。哪里晓得，他跟我是两个脾气。我是唯恐对古人知道不深，所以去请人，欧阳不来，结果拉熊来了。他一到北大，完全与我的宗旨相反。我是很谨守的。自己不好乱讲下去，找人，把他请来。他却自由主张，他不是很谨慎，他提出"新唯识论"，要改造，完全与我相反。出乎我意料，那就跟蔡元培先生说这个问题。蔡先生向来如大家说的兼容并包，蔡答复我，他有新鲜讲法，就任他讲好了。后来出书《新唯识论》，完全相反，彼此反对，我请来一位反对派。私人感情上很好，学术上所见不相合。简短地说，他想跟我在一起，我到山东，他到山东，我回北京，他也回北京，租房子一起住。熊先生跟我一起住，如此者有几年。住什刹海，始终不离。他收了一个高足，叫高赞非，熊先生给大家讲学，高赞非在左右，熊先讲的，他都有记录。编辑成书，头一本是《遵闻录》。我们住清华园外永安观，形影不离。朱谦之、陈亚三、赵宗元……都是跟着我们的。

我到广东，熊到西湖，就分开了。他在西湖小庙租房住。

四川北碚，又在一起。勉仁中学、勉仁书院（熊先生讲学），他跟中学没有关系，没教中学生。曹慕樊、周通旦几个跟着他。讲旧学，即讲经学，《读经示要》。

他跟董必武是好朋友，他当过兵，在过学兵营，两广总督时就有关系，比一般兵高，他还做黎元洪都督府参谋，跑革命厌倦，有志于学问。他佩服王夫之，心里很有契合。他来讲"新唯识论"，就是把王船山的学问扯到佛教上来，我非常反对，他要改造。

（我提出："儒佛异同论"？）

《中国文化与中国哲学》，其中有。

（科学与玄学之争，为什么您没参加？未答出所以然，只是说没有。）

（为什么没有出国留学和游览？）

不是几句话能说清楚，我搞的是乡村教育……

（是不是反对留学？）

我不成了糊涂了吗?

（这次谈了一个多小时，主要是谈了与熊十力的交往。）

1987年9月16日　星期三

（离上次访谈四个月。）

提问题：

（一）投考过北大没有？

（二）在北大职位是讲师、教授？

（三）胡适与金岳霖的对话在协和？

（四）与胡适的关系、往来？

（五）自我的思想归纳？

（今天带《胡适传》送他。他从头看翻到底，一个多小时。我坐在他旁边，两个藤椅。可见他很重视、关心。

开始我问他到北大的年月，他又重复说，初见蔡元培先生之事。后我说谈过了。

不过后面说蔡重文科把理科停了，这些还是新的。再下来是边看书、边议论记下的。）

民国六年（1917），到蔡家请教拿文章去，题目是《究元决疑论》。他说在上海时已经看过了，很好。这次来北大，注意哲学系，请你来帮忙，发扬佛家思想、讲佛学。我说对佛家喜欢，其他知识不够，这话是实话。

实话"哲学"英文为 Philosophy，词典书里翻译为"爱智"意思。中国儒家、印度佛家，近乎西方的"爱智"，要紧的是不是那回事。"爱智"偏重知识、思想；中国孔孟、印度佛家，他们都不是一种思想。哲学"爱智"不是那样。是什么呢？二者都是在人生问题上有他的实践，实践不能说是哲学。哲学是思想的副产物。"爱智"就是注意人的头脑、思想，并不能谈到人生的实践。自然在人是实践，儒、佛是两回事。佛家是出世，否定人生；儒家肯定人生，两家不相同，可是都是实行（实践），不是"爱智"思想。把它做思想看，是不懂儒、佛，都是外行。说远了点，再转回来说，蔡先生我见他，他来北大最注意文科、哲学系。附带说一下，蔡一到北大，对北大改造，重要是把工科停止不办，学生都拨归天津北洋大学，北大不办工科了。这是他很大变动。主持者为胡仁源，北大代校长，工科方面的。他走了，学生到天津。

［梁看《胡适传》，手不释卷，边看边评，摘记。他说，他是早胡适一步（两个月）到北大的。］

去太原讲学一个月，碰见江亢虎。他在北京创办女子讲习所，后来在汪伪政权，人很糟糕。

与胡不是同时去。（指着书上《胡适传》胡适相片说。）1921年那张像他本人，头宽、聪明。

陈独秀、李大钊主张共产主义，胡不赞成，心里不喜欢，所以提出"多研究问题，少谈些主义"。

（问我：他相信中医，这写了没有？我说没写。这是传略，以后要写的。）

胡适他很相信中医。他病，请陆仲安。给他看好了。请胡写点东西，写扇面，能写，但气魄不行。

（他往下看到四十九页，上面写着：朋友朱谦之。）

不恰当，是学生。朱个性很强，不承认是北大学生。写信给北大代校长蒋梦麟，不注册做学生，学习不要毕业文凭。蒋回信同意。上课称谦之先生。（笑）

（继续翻阅《胡适传》，见到"章士钊"三个字。）

章士钊写信给蔡元培等于反对白话文。章说讲学问，只有用文言文才能表达中国学问，白话文表达不行。有这样一封信。同时有林琴南写信给蔡，反对北大讲学用白话文。蔡答"兼容并包"，白话文、文言文都好。章、林主张古文。

（我说，章的信未公布出来，没看过。）

（翻到"傅斯年"名字下。）

傅斯年是学生，北大学生中最有名，才气好得很。傅斯年了不起，他组织"新潮社"，他出《新潮》刊物，另一派同学出《国故》。

（我问：《新青年》、《新潮》哪个名气大？）

差不多。《新青年》出得早。几个教授（胡适、陶孟和、陈独秀、李大钊等人）都在《新青年》，名气要大一些。

（看到"徐志摩"三个字。）

我跟他很熟。他给泰戈尔做翻译。中国方面指定徐招待泰戈尔。有一次，徐要我同泰戈尔谈话。我是听过泰戈尔的讲演，在北京。我学过英文，不行。泰讲得很好，我英文不好，对内容没有十分听懂。他讲英文，发音脆细，好听得很，如同听音乐一样。徐介绍我去见泰，他愿做翻译。徐拉我去，刚好碰见一位北大德文系教授，比我先到，姓名一时说不出来，是河南人。他没经过介绍，比我先到，要见泰戈尔。后来志摩要我等一下，让他先见，我在旁边等着。他跟泰戈尔谈宗教（教德文的教授），讲五教同源（天主教、佛教、伊斯兰教、儒家孔教、道教），同样尊崇。他走了后，我跟泰谈话。泰就刚才的讲话说，孔子不是宗教，不赞成刚才那位先生意见，把儒家看成是宗教。我表示孔子不是宗教。《论语》书中回答弟子云："未知生、焉知死。""未能事人，焉能事鬼。""敬鬼神而远之。"如此之类，可证明孔子不是宗教。我把这个话，说给泰戈尔。徐做翻译。泰同意我的话，儒家不是宗教。泰戈尔说不重视宗教，有不重视孔子的意思。他表示孔子书里说的话，都是四平八稳，对社会是一种很平稳的。但这样子，在他看孔子不是宗教。我也同意这个见解，不赞成刚才那个人的谈话。宗教总是信这个，不信那个，排斥那个，不是四平八稳，面面俱到。我也同意泰戈尔的看法。

可是我辩明，孔子有这个话："乡原，德之贼也。""不得中行而与之，必也狂狷乎！狂者进取，狷者有所不为也。""中行"最好，"狂狷"各有所偏，但比那个"乡原"好，"乡原"是假的中庸，真的比假的好。我把这个话说给泰戈尔听。孔子不要四平八稳。要求真，孔子求真。我谈后泰戈尔非常赞成。

（按：今天讲的没有按提问的讲。）

163

1987 年 12 月 10 日　星期四

《唯识述义》(梁漱溟著)，黎锦熙有一本，甘肃天水朋友有一本。现家中有第一册，第二册找不到了。

《成唯识论述记》属法相宗，翻译者，印度翻过来的，玄奘法师门下窥基的笔墨。原本是几种本子合起来的。窥基，唐代尉迟恭的侄子。《述记》二十本，为专门学问。

《唯识述义》两本，现剩一本，第二册没有了。借用一些近现代西洋的科学家言论，来解释"唯识论"的学问。两本书可惜现仅存第一本。其内容是印证古代唯识家的话，说明佛教唯识，是很合乎现在科学的。

在北大我是讲师。教授要够钟点的，我讲的是冷门，每周只讲两个小时，所以我的待遇不是教授。

我没有考过北京大学，他们误传。我是考过医学专门学校的。校长是汤尔和，在日本学西医的。他在北京办西医学校，我投考未被录取。

为什么离开北大？七年很不短了，满了七年，辞职，自己办学。没有发生冲突意见。我讲的印度哲学，是冷门，跟新思潮没有关系，谈不到他们排挤。（因我问，是否被新派排挤，发生矛盾、冲突？）

请许先生代课。司法部事完了，我才来接任北大的课。许丹（季上）与蔡相熟，蔡做教育总长，他是视学。后来许病了，一方面他病了，一方面我的事摆脱了。

为什么编《晚周汉魏文钞》？因我反对桐城派古文，不赞成姚鼐编的《古文辞类纂》。我的书没有印出来，稿子卖给商务印书馆，我穷学生无力印。后来它没有印。我跟他们要一百元，他们送我五十元（银元），我嫌少。商务印书馆答复说，像你这样的稿子，我们这里存有很多，不知什么时候印，送你五十元是我们垫出来的。全书费了很大功夫。（我问：时间？）

大概一两年完成的，总共一大本，包括孟子、荀子、韩非子、汉魏王充……（书本上有，略之。）接交人是北京商务印书馆经理孙壮（字伯恒），打交道的人。

黄远生写了文章介绍我这本书，在他文集里有。

日本之行，四十四岁时，记得有四十天样子（书上说三十天）。因为他们日本人来山东参观我在邹平的试验区，来的日本人长野郎（学者）注意农村问题，风闻我搞乡村建设，来参观考察。我去日本，等于是回访参观考察日本农村。

《民国报》，辛亥革命后，清廷退位。搞革命，就不搞手枪、炸弹了。于是就办报，地点在天津。另一个叫《民意报》，主持人是赵铁桥。《民国报》主持人是甄元熙。两个报都是同盟会的。先在天津办，因为印刷方便，工头找的是日本人，后来迁到北京，顺治门大街。后来同盟会改组为国民党，党本部派汤漪（江西人，国民党国会议员）接收这报馆，我们就退出来了。他们搞、办，我们就退出来了。不够一年，时间很短。两个报，都是同盟会办的。

曹州办学失败。（我问：失败的原因？）时局变化，冯玉祥搞国民一军，胡景翼国民二军、孙岳国民三军，他们欢迎孙中山先生北上，孙（中山）、段（祺瑞）、张（作霖）合作。

把溥仪从皇宫里搞出来了，本来有优待条件八条，允许在宫里住。

这时冯派鹿钟麟从宫里把宣统搞出来，弄到天津。

（夹了一个张勋复辟。我问他有什么意见。）

没有意见。本来不对。

辞北大到曹州办学，失败回北京，闭门思过。没有事做。同住的有湖北熊十力。（学术界把梁先生当作新儒学代表人物，我问，承认不承认？他说，还是儒学为好云云。）我跟熊的关系，从他在天津南开中学教书（国文）开始，有梁任公主持的一个刊物，叫《庸言》，上有熊的文章，不是长篇论文，是杂记体裁一条一条的，说佛家谈空说有，使人流荡失守。

总而言之，站在儒家立场，批评佛家。而我写的论文，引他的话，此土凡夫熊（十力）升恒，对佛法不懂，胡乱批评。我在北大刊物上批评，他才从天津写个明信片给我，大意就说，你说我不懂佛法，胡说八道，现在放暑假了，我来看你，当面谈一谈。他来北京住西四广济寺。我们在这里见的面。开始，我说，你不懂佛法，不要乱说。我劝你虚心研究一下佛法。这样我才介绍他到南京内学院（金陵刻经处）受教于欧阳竟无先生（主持人）。我介绍他到那里去研究佛学。就是这样开头的，以下的话就长了。

新儒家不承认（杜维明说的）。儒家还是叫儒家。儒家是一个学派。汉代才对儒家有个肯定。汉武帝"罢黜百家，独尊儒术"。

（又，请他辨认欢迎泰戈尔的一张照片，问上面有他否，我指穿着长衫马褂者，他说记不清，可能是。）

1987年12月19日　星期六

《东西文化及其哲学》，罗常培暑期回南开开学，最后一章是我写的。

"印度哲学"一般讲六派，不包含佛学。印度人分别为六派。英国人统治印度，介绍印度哲学思想，也称为六派，日本木春泰贤、井上哲次郎，照样说六派。其中著名两大派：一派胜论派，一派数论派。在佛教《大藏经》里有。《大藏经》佛家认为外道，主要派别，他们的学说也收在《大藏经》里面。

日本人讲六派。我的书把他们六派都讲了。他们英国人、日本人的著作都不谈佛学。我是一方面把他六派叙述了，另一方面谈了佛学，我是对抗讲的。

唯识论是佛学里一派，是唐玄奘一派。文字不是玄奘师的，而是尉迟恭侄子窥基写的。他是慈恩寺出身的，学问严格得很，一丝不苟。重要的是印度哲学很宽泛。印度哲学里不包含这个，我单独讲。我写了两本书，即《唯识述义》上下册，在当时北京财政部印刷局印的。现在这本是黎劭西的，我送给他，他留下的。

（我问在动物园附近的那个庙及养病情况。）

是个破庙叫极乐寺，仅有一个和尚，房顶是漏的，正殿还很整齐，旁边还好，清静养病，黄适园介绍去的。庙里有一个和尚，有厢房，整齐，住了四十天，与老和尚一起吃，每天喝粥。老和尚，山东人，又高又大，了不起！名字说不出来，禅宗，我一生佩服，再没见过第二人。了不起！禅宗，真正有德的。开悟，高得很。有个朋友叫邓伯诚，我们都是谈佛学的朋友。老和尚故去，邓写信通知我，老和尚故去赶快去看。他说异香满室，房屋一两天都没有散。法号叫什么？两个字，记不上来了。我生平看过的出家人，他是第一个。（我问，有什么佩服？佩服何在？）佩服何在？

那不能讲，讲不出来。我跟他住了四十天，我在北大讲印度哲学，里面包含佛教。老和尚批评我，他批评我说："你不要胡说八道，你懂什么？"我忙点头，心里佩服。那不是普通和尚，禅宗讲开悟，开悟之后，还要静修，不开悟，等于还未进门。开悟是摸着门，摸着门，顿悟之后要静修，死后异香满室。完全不是平常的事。想起来了，名叫省园法师。

还有一位清一老和尚，湖南人，住西四广济寺，我不能深知，但我心里还是承认他（第二个佩服的和尚），了不起。湖南有个方表写了一个清一和尚的传，这人见过不止一次。同去看的是沈钧儒。沈与我很熟，同事，那年我二十四岁，他四十二岁。那时，我也吃素，他也吃素，在司法部同吃素。

本来辞职（休养），蔡说你不用辞职，可请假好了。

（我问学中医的事。）

在家里学过医。我是中西医都学，自学。有个丁福保，有个医学书局，有从日文翻过来的书。有个刊物，通讯的性质，我常给丁通讯讲这个，根据日文书讲西医、中医有名的《伤寒论》，西医叫"十五悌比"（音）。我不但买了许多西医书，还做了笔记。中医施今墨，本来不是医生，有才，有学问，书法写得好。熊希龄办香山慈幼院，他是院长，熊是董事长。宣布成立慈幼院，他辞职不干，慈幼院是他办起来的，后改了行医。我们相熟是从中医上相熟的。他自命为今天的墨子。他一见我面就给我看脉、开药，我留下方子不吃药。章太炎讲中医。（我问，会看病吗？）不会。我懂得那些名词，不会看病。

《东西文化及其哲学》二〇二页。（我想，请解释第二条。）

未来，今后应当持的态度，三种态度。根本改造，他的根本，自然科学的根本，两眼总向外看，大自然界，认识大自然，考察研究，就产生了物质文明，近代的西洋人成功就在此。

西方自然科学当然要。

人生态度不要跟着它走。要中国的、传统的。精神是什么呢？简单说：伦理本位，父慈子孝，互以对方为重，这叫伦理。近代西洋人，个人本位，自我中心。

西洋人从宗教出来的，整个相信上帝，上帝主宰一切。中国人最淡于宗教，没西洋人宗教的观点。

（这次取《唯识述义》归。）

1988年1月19日　星期二

（一个月没去了，因忙于《胡适传》稿。我问"唯识学问的重要意义"。）

佛教宗派很多，唯识属法相宗。一般省略称相宗，与相宗相对抗的为性宗，两大派。中国盛行的有禅宗、密宗。细说，有人分十三宗，那样就说起来没完，不得要领。所以不能这样说得很多，只能说最可注意的，比如，唐玄奘，他去印度往返十八年，唐太宗时出去，回来时太宗还在，这一派学问最扎实。他翻译出来的东西，传出来的一字不苟。不过不是他一个人传他的学，有好几个人，都是出家人。其中一个传玄奘学的叫窥基，尉迟恭侄子，这是扼要来说的。玄奘、窥基，留下来著作，中文，把印度十家大意汇合起来，成为《成唯识论述记》，这是重要典籍。我一生几十年功夫全用这部书，吃饭、睡觉都离不开它。这一派学问最扎实、严谨，一丝不苟，我老是抱着这本书。关于这派我就说到这。

再说另一派，或另一部书，通常容易看到的，后秦鸠摩罗什译的《金刚经》，这文字较长不好背，念多了还是可以背诵的。

结束一句话，近一百多年，提倡佛法（教）的是杨仁山先生，安徽人，门下四大弟子，都是江西人。他创办金陵刻经处，接他的手的（四大弟子）是江西的欧阳渐，一般称欧阳竟无先生。他在金陵刻经处基础上，成立了一个有名的、讲学的"内学院"，讲佛学，主要讲唯识法相。

我的佛学知识都是从他那儿来的。我介绍几个朋友研究佛教，也是介绍到那里去，都成了支那内学院学徒，比如熊十力是其中之一，可惜人已经不在了。

现在的有一个人，九十多岁了，比我小一两岁，就是北京人吕秋逸，在他儿子那里住，不能下楼，他能传欧阳之学的。

再重复一句，欧阳之学是法相唯识之学。擅长这方面，学问渊博的是吕先生。

（我问"起惑、造业、受苦"六个字。）

佛家看人生是苦。业有善恶。佛家意思，要解放，从人解放出来，从轮回中解放出来，从生死轮回中解放出来。

儒家是肯定人生的。儒家讲孝悌、忠信。你要出家当和尚，就没有你父慈子孝那一套了。这显然是两条路。儒、佛是两条路。

（我问，你如何统一？）

不同，要有弃有所取。我本来是不结婚的。我快三十岁、二十九岁末才结婚。

（我问，你结婚后还没有放弃佛学思想教义？他点头。）

什么事情要活学活用。

（又问，你怎样活学活用？在什么地方？）

在生活上，话说起来就长了。《印度哲学概论》民国七年（1918）出版的，但我结婚是民国十年（1921）年尾了。说起来话多，不能说那么多了。

（我问，您的教育思想，受两人影响，一是卫西琴，一是陶行知。）

都有关系。陶先生了不起。

（他问我陶行知。我说陶是平民教育家。）

陶是大学教授，脱了西装，穿草鞋，下乡与农民为伍。晓庄，自己盖房子，与农民打成一片，教、学、做合一，了不起。

（按：这次身体似乎衰弱多了，懒得多谈。最后，为我题了字。我把写传事与他交代了一下。说我为胡适写传都能老老实实地写，写你的传那还用得着说吗？请放心。他频频点头，表示首肯。在题字时写了"廓然大公，物来顺应"八个字。）

尾声

1988 年 2 月 18 日（大年初二）春节我到梁老家，向梁老祝贺春节，此间作了简短谈话，提到当前社会风气不正，需要加强教育、提高修养等等。他说，过去只有我谈这个问题。（按：意指提倡精神文明，发扬传统道德。）时间有限，只谈了十多分钟就告辞了。

（按：我自从去年 12 月下旬以来，出版社来催书稿后，暂没有去向梁老请教了。）

6 月 7 日，本所陈民同志介绍新加坡著名华裔画家潘受先生来访。他要我带他们去医院见梁老一面。当时，梁老住院，病重谢绝会客。他已跑了几个地方都没有被允许接见，所以才找到了我。既然是不远千里而来，又是只见一面，盛意难却，故我带他们直赴协和医院外宾病房，拜见了梁老。

梁老安详地躺在床上，旁边有保姆在侍。我简单作了介绍。潘先生走向前，向梁老鞠躬问候，说道：梁老先生，您好！我代表海外学术界华侨向您致敬，并祝您早日恢复健康。说着并把手中的两本书递上说，这是我的两本小书，请梁老指教。梁老和衣枕着被，微点头示意，保姆接过书。接着潘先生取出早已经准备好了的照相机，大家围在梁老身边轮换地照了几张相，便匆匆告辞了。

这次照的相，潘先生拿回去后，冲洗时曝了光，没有成功。真遗憾！没想到这次的相片，竟然成了梁老在世的最后一次留影，可惜没保留下来。

6月21日，打电话到梁宅问候，保姆接电话，回答说：梁老已经输血。我以为会好起来了。不料，23日去世了。

6月24日，上午到协和看望家属，未见到。下午打电话到梁宅。培宽同志接电话说，追悼会拟下月初举行，其弟29号可由国外返回，善后统由政协办理云云。

是日下午，有《人民日报》（海外版）记者来约稿，要我写一篇悼念文章。义不容辞，写了一篇怀念梁老的文字，以表达我三年来与梁老的交往及所受教诲与崇敬的心情。此文刊于《人民日报》（海外版）1988年7月16日，为了永志不忘，现将该文附于是篇之后，以示纪念。

悼念梁漱溟先生

我国著名哲学家和社会活动家梁漱溟先生，于1988年6月23日不幸因病逝世，终年95岁，噩耗传来，不胜悲痛之至。

我是1985年始拜识先生的。那时《中国社会科学家传略》主编高增德先生，约我为梁漱溟先生写传。据说他已经与梁老先生洽谈过，并征得他本人同意愿意与我合作，叫我直接去找梁老先生，于是我怀着崇敬和求知的心情，于同年春天到复兴门外22号楼拜访了梁漱溟先生。因为事先进行过联系，所以见面寒暄一会儿后就转到了正题上。开始我的意思是请梁老讲我来记，做一个口述自传。梁老认为这样不好，他说，我年纪大了，许多事忘了，也有记不清的，还是你提出问题，我来讲。我说，这样也好。于是我与梁老的交往和请教就这样地开始了。起初约定一个礼拜谈一次，具体时间，临时打电话决定，免得与其他事务发生冲突。后来因为种种原因，谈话逐渐减少，但每个月最少得有一二次见面。

回忆三年多的时光，拜访梁老三十余次。每次当我到达时，梁老已经坐在客厅，服装整齐，手里拿着书或报，集中精力在看。显然，这是在等人来的样子。对此我总感到很抱愧。由于我要倒两次车，所以常常迟到；同时我也感到梁老的生活态度是十分严肃的，令人崇敬！先生每次谈话，大部分谈自己的往事，但常常提到当时的一些风云人物，比如梁启超、蔡元培、章士钊、陈独秀、李大钊、杨度、黄远生、胡适等人，其中讲得最多的要算是胡适了。因为胡适的文化观点、学术思想与梁先生的主张是对立的，所以经常会被提到。我那时还在写《胡适传》，所以很愿意听听梁老的看法，同时就一些不清楚的问题，及时请教。梁老总是诲人不倦地讲给我听。先生逝世后，我粗略翻阅了一下笔记本，竟有好几处谈到胡适，从这些谈话中我们也可以看到梁老的为人和道德风貌。

他说：胡适先生是留学美国的，聪明得很！在美国留学时，与任鸿隽等组织科学社，就出名了。他入北大，跟我同年，也是在民国六年（1917），这时他还没有结婚，我也没有结婚。他进北大在我后，我先他两个月。当时他跟高一涵住在一起，地点在东城墙根儿竹杆巷，地方很偏僻。胡适贡献不小，贡献就在于，过去一谈学术、讲学问，总是用文言文，而他的大功劳，就是主张用白话文来作诗、做文章、谈学术、讲学问。这是个大解放。当时蔡元培是北大校长，积极支持。但反对的也有，著名的是章士钊和林琴南。林公开写信给蔡元培表示反对。他的意思总结起来就是白话文不能谈学术，不能表达精深的学术。蔡先生也公开答复他，对他提出的问题进行了批驳。当然有些名词术语，可以一面用一面加以解释。

白话文解放学术思想，带来了新思潮，这是胡适、陈独秀打开的局面。胡适这个人思想活泼，头脑活泼，很有长处，但气魄不足，气魄还是要数陈独秀。我问：梁老如果要把他二人排个名次，您看谁排在前面比较合适。梁老毫不犹豫地说，当然胡适排在前面。然而停顿一下又说，不过陈独秀是前辈。谈到这里，没有继续深入，稍作沉默，又谈到其他问题上了。

梁老说，《新青年》不是北大出的，而是借北大畅销于外。编辑，是几个教授轮流编。当时鲁迅不算北大的，但也兼过课，讲中国小说史，出名文章是在《新青年》上发表的《狂人日记》。这时开风气之先的不只一人，但胡适当算头一名。

胡适为《中国哲学史大纲》出了上卷，后来写不出来。虽然谈哲学、写哲学，实际他的头脑是以浅明取胜，而哲学这东西，光浅明是不行的。哲学要精深、精密而深奥，不精没有多大价值。梁老说到这里，便作了一个小结。他说：总起来说，胡适很有长处，能打开局面，其所以能轰动一时，正因为他能浅，不仅能浅，而且能明，以浅明取胜。

接着梁先生又说，胡适讲中国哲学，后来写不下去，特别于中国佛教禅宗，无法写，想写，隔着十万八千里，想谈，没法谈。

对现实问题，所见也太浅，如流行的口号"打倒帝国主义"，"打倒军阀"，这些话，他都不取，不这样谈。他说，五大魔（贫穷、疾病、愚昧、贪污、扰乱）是中国社会的五大病痛。他反对提"打倒帝国主义"、"打倒军阀"，而独倡五大魔之说。

至于少谈主义，多研究问题，这是针对李大钊的唯物史观、共产主义。还有人提基尔特主义、工团主义，等等。他不谈主义，要谈问题。他特别害怕共产主义；共产党一来，他就跑了，跑到台湾，人是胆小！

梁老最后总结说，一个人有长有短，胡先生是很有见长的一面的。

这是梁先生第一次向我比较全面地谈胡适，后来谈过几次，也不过是这次的具体补充和扩大而已。我觉得梁先生对胡适的评论，是站得高，看得远；评论深刻、尖锐，而且也是公平、切合实际的。其中蕴含着深厚的同时代人的情意，是非界限也很清楚。读后令人叹服。

今天梁先生与我们永别了，但他的思想、人格和那不断探索的奋斗精神，作为文化遗产流传下来，我们要认真研究、好好学习，努力继承它，为建设新中国的新文化事业而贡献自己的力量。

梁老安息吧！

札记·日记摘抄

先父所给予我的帮助

（一）帮助是消极的。中学毕业时，一面考试一面革起命来。本来在未毕业时，已与革命党人相通，毕业后便跟着跑革命，到第二年民国成立，照理当去升学，但我不去。先父完全不说，也不勉强我。

（二）后来由革命的社会主义转到佛家，自己东买一本佛书，西买一本佛书，暗中自己摸索——这也是主动的瞎撞，一直撞了若干年——先父也不干涉。我的思想转向佛学后，我就要出家，不娶妻，先父只将他的主意说我知道，而完全不干涉。但我始终固执，世界上恐怕找不出像我这样固执的人来。

（三）不娶妻。母亲临终之前告诉我，不要固执己见，应该娶亲。而先父背后告诉我说，虽然母亲意思如此，可不一定依照，还是以自己意思为主……

先父信任、放任不管，这另有他的主意，即放任中有信任，给我好处极大……

我自己的长处

有两点：一点是好用思想，思想深刻；一点是不肯苟同于人。至于短处，不能用一句话来说，即自己不会调理自己、运用自己头脑，好犯失眠症，治这病就是"诚"；意思多，就是不诚。

中西学术之不同

在我思想的根本观念是"生命"、"自然"，看宇宙是活的，一切以自然为宗，重自然，不重人为。这是中国路数。

我由佛教转入儒家，是从明儒王心斋开始，王称颂自然，从此我入儒家。

中国儒家、西洋生命派（柏格森）哲学和医学三者是梁思想来源之根柢。

试论朱子在儒家学术上的贡献——兼及其理论思维的阙失。谓：《大学》《中庸》从《礼记》中抽出，是其功也。又说：儒家孔门之学，修己安人之学也，而《大学》、《中庸》讲的修身慎独，正是传此学脉者，其于弘扬儒学，非探骊得珠乎。

经我介绍入南京支那内学院者有熊十力（民国九年即1920年）。王恩洋字化中，四川人，也为我介绍入内学院求学于欧阳先生，卒成名于世者（民国十年即1921年）。

杂记辛亥至民初的见闻

清末在顺天中学读书时，与同班同学甄亮甫（元

191

熙）等参加革命运动。清廷退位抛弃暴力,改业宣传,创办《民国报》于天津（嗣后移北京）。我任外勤记者，来往京津间，出入于国务院、临时参议院以及各党派总部，从事采访，所见所闻，可资记者甚多，兹随笔写出一些如次：

袁世凯到临时参议院作为临时大总统宣誓就职之日，我在楼上记者旁听席。袁就誓词宣读，纯用河南地方音调，誓词不长，旋即由议长林森引导走出议场,将在一广阔场地,同全体议员（约百人左右）照相。此时我适亦走出议场，站在一穿行路上，面向广场瞻望，出我不意，袁即从我身左侧走过。其身是似若短于我，而宽阔过我，头发斑白，既不蓄须，亦不修面，着军人旧服装，殊欠整洁，显然藐视此一重大典礼。我看到各部长均着西式大礼服，候立照相场中，显然郑重其事者。

余早岁怀出家为僧之念，不愿结婚，又倾心于佛家不杀生之戒律，然此在父母面前则不欲显然行之。待到 1913 年旧历正月初五日行抵西安，乃开始茹素，不待食一切动物，直至而今。彼时先兄凯铭既应留日同学谭耀唐之邀任教于西北大学（壬子年秋），后因西安设有女学一所，而二妹谨铭，先曾卒业于京师女子师范学堂（辛亥年春），兄即介绍谨妹任教其间，而余则伴送谨妹前往也。

儒家孔门之学为体认人的生命、生活之学，要在反躬修己之实践，不宜以哲学思想目之。"哲学"西文为 Philosophy 之译词，其义为"爱智"，偏于思考求知。虽孔学于实践中自有思考在内，亦即自有哲学在内，但只为生活实践的产物，最好不从思想理论来看待。即如孔子所说的"仁"，所说的"天命"等词，吾人均不宜轻率解之……为学生讲说时，当指示其各自反躬体认实践默而识之。毋妄谈，庶几有所得，而少胡说乱道，自误误人。（右乃答南充师院历史系李耀先教授来信，云云。）

原始佛教即习常所云小乘教，大乘佛法是在原始佛教基础上一大翻案文章。

追忆往事

1979 年我八十七岁。1950 年 1 月由四川到京，以后的三十年间（当时 1979 年的话）均被任全国政协委员，在党和政府领导下安定地随众学习，然在此之前我却是致力社会运动和奔走国事极其忙碌的一个人。所谓致力于社会运动，就是指一种乡村建设运动，始则我在广东提出"乡治"的主张而未得实施。嗣因北方一班朋友有《村治月刊》之出版，和河南"村治学院"之建立，我被邀参加其工作，乃又随从以"村治"为名号继此之后。既而又转移到山东工作，成立山东乡村建设研究院，以邹平县为建设实施区。后推广至鲁西、鲁南，浸至鲁北、鲁东。及于本省七十余县，则工作粗放，设施略改，量变亦且质变矣。凡此者皆受时局影响之所致：如1930年蒋、阎、冯中原大战者之类；亦指日军侵扰，不得不随国民政府退到大后方。又不甘心安处大后方，而偕友东返华北、华东，潜踪敌后游击区，谋所以扰敌者。计巡历皖北、苏北、鲁西南、豫北、冀南、晋东南，经太行渡黄河而抵洛阳，写有1939年春夏间《敌后游击区域行程日志》，记其事。行程中鼓励抗敌……其间盖多蒙两大党军队之友助……当时在乡村，生活艰苦……时人不有"一不怕苦，二不怕死"之言乎？我此行盖实践之矣！

1979年孟春写此回首既四十年前事。

记成都相士陈公笃

抗战时，常往来重庆、成都之间。一日偶访相士陈，陈赠一评语，只记得两句：一曰志大而心小；

二曰劳倍而功半。皆极中肯。余一生奔走四方，从不为身家之计。在河南、在山东，致力"乡村"运动，生活较城市任教大学，远为艰苦，至出入敌后游击区，更不待云，但功效则甚鲜，只自身受锻炼耳。又何谓志大心小？志大一层无待申说，心小一层自知甚明。例如，我一生不知作了多少次公开演讲，讲词内容，每多相同无须预备，但约订时间后，即不能坦怀休息，临午睡即不能入睡，每诵明儒王心斋先生诗句："人心本无事，有事心不乐。有事行无事，多事亦不错。"自愧心胸窄小矣。

怀念故交孙炳文烈士

辛亥革命后，余随同京津同盟会同志多人在天津创办《民国报》，公推甄元熙（字亮甫，广东台山人）任社长，孙炳文（字浚明，四川叙府人）任总编辑。余则往来北京、天津之间任外勤记者，应采访之责……时年十九、二十之间。最值纪念者，则余属所用漱溟二字，实孙炳文兄所代拟之笔名。方余之生也，父母命名焕鼎，字寿铭。而余于报端为文，时或署"寿民"，"瘦民"等字样，及见到漱溟二字，颇觉别致可喜，遂沿用之，其后得父首肯焉。

漱溟二字之由来。

佛法大意

（为友人袁虹叟录音机讲）

小乘佛教内容如四谛、五蕴之说，苦、集、灭、道是为四谛。在佛家看人生不外是起惑、造业、受苦三句话六个字，可以尽之。

人们总迷惑在有个自我，便是起惑。实际上根本没有一个我。这就说到五蕴，何谓五蕴？色、受、想、行、识，是为五蕴。色，指身体。受，即苦乐等感受。想，指留下的记忆。行、识，则指生命流行的本身。

由于人们执迷着自我，便造种种业——善、恶都是业——这便是四谛中的集。人生种种苦即由此而来，所以集为苦之本。要消灭人生之苦，必得修道。修道为集灭之本。四谛大意如此。

梁最后说："自远古到今后远的未来世界，将始终存在着宗教。所谓宗教就是人类在现世生活中一种超现世乃至反现世的倾向。现世与反现世正是矛盾统一，相反相成的。"

山东乡村工作有憾

（梁漱溟先生《告山东乡村工作同人同学书》附：《山东工作人员抗敌工作指南》，武昌乡村书店代印。第十四页抄录）。

吾侪工作肇始于邹平，而发展于菏泽。邹平工作侧重乡村组织。以求启发培养乡村自身力量，不能有速效，始终未向邹平以外推广，今可不论。菏泽工作一面革新行政，以行政力量推动一切；一面从民众自卫训练进而为各种训练，树立各项建设基础。其收效较快，亦且适合国防需要……何以大战之来，不能有所表见，反而一败涂地，此则除吾人自身有其欠缺外，实受前叙山东问题之影响。

（按：他们的计划准备三年实行，1936年、1937年、1938年，但遇战争起，而韩复榘态度变化，未能实行。）

1937 年 10 月 13 日平原失陷，敌侵禹城，省府决定以大部公务员南迁，余既两度谒韩劝止，未成。市面动摇，市民逃散，抗敌后援会求开一热烈大会而不可得。余适奉南京电促出席国防参议会，乃不得不决计离山东矣。

1966 年

8 月 24 日约 8 时红卫兵来抄家，政协来人两批对我夫妇有斗争，书籍文稿衣物，均被拉去。

8 月 27 日，早起被监督劳动扫街道、厕所。

9 月 7 日，夜来忽悟我的问题，必须上书主席才得解决，思之不寐。9 日起草，10 日寄出，同时与政协一函，谓我不明白为什么遭到抄家，像对反革命分子一样对我？

9 月 16 日补记，连日来所为偈语如下：

一声佛号观世音

声声唤醒自家心

即心是佛佛即心（"即心是佛"是古语）

心佛众生不差甚（"心佛众生"亦古语）

一声佛号观世音

声声唤醒自家心

此心好莫昏昧去

留得当前做主人

心净如虚谷

永离一切有

施舍一切无所吝

亦号所施能施者

此是布施波罗蜜

心净如虚谷

永离一切有

嗔心不起能忍辱

亦无所忍与能忍

此是忍辱波罗蜜

心净如虚谷

永离一切有

精进不懈于修持

而实精进不可得

此是精进波罗蜜

9月27日，读《矛盾论》第三遍完。写《儒佛异同论》之二。又思索写"社会文化组成成分"及"人生三大问题"等。

10月1日，国庆节。早起扫街，活动身体于院内。写语录一则，张之于壁，取其针对我之病根而言等。我病在不谦虚、不谨慎，为一切问题之所由生，而主席语录册中，其以此为训诫者，凡十二页焉，可谓谆谆矣。

10月4日，到政协领10月份工资260元外，又补足上月扣发之40%，即150元。

11月2日，早起扫街，复看《人心与人生》稿。

11月4日，借得《十三经》白文一册。

11月5日，读《书经》、《诗经》、《易经》白文。

11月9日，运煤有30块来，一程姓红卫兵助运屋内。阅《左传》有所摘录。

11月12日，晚饭后去西直门外散步，莫斯科餐厅似停业矣。

11月27日，收张申府回信，晚饭后往访，知其平安无事。从张处借书三种备阅。

12月14日，阅日人著《原始佛教》。在百货大楼为菜购买雪花膏，看内衣。

12月16日，抄《儒佛异同》稿，完成一份。去西直门大街储蓄所有存有取。到紫竹院散步。

12月21日，电政协约明日往借书。阅《反杜林论》。拟明早先访张申府，还其书，询其理性悟性问题，又以"儒佛稿"交他阅看。

12月30日，早起进食，外出购油、蛋、纸张等。阅《世界通史》。出购鸭梨甚好。晚饭后，杨超忽来，谈甚久，据云曾来过两次，皆未入门云。

1967 年

1月1日，阅《世界通史》、《近代史资料》有所摘记留用。动物园据云不再售游览年票。

1月2日，借得《马克思传》及《世界通史》下册。

2月9日，阅《世界通史》"英国革命部分"，因雪不出门。

（按：梁的生活还是逍遥的，每天出去买菜及用具、散步、访友、写信、看子孙、看书写作。）

4月1日，早起进食后，去紫竹院散步、习拳，回至动物园换月票未得。回家写稿。午后未出门。晚饭后访朱谦之，还其书4册，借来5册，送新街口洗件（洗衣服），又取回洗件。

4月11日，得123中同学电话，嘱等候十天半月再说启封事。晚间发一信给 123 中团部转同学，表示可以等候。

（按：当时他是归 123 中红卫兵管。）

4 月 12 日，去中山公园看大字报。

5 月 10 日，阅瞿秋白《狱中自白》一文，甚明快可嘉。

5 月 25 日，早起在新街口进食、散步。阅艾思奇报告有关《实践论》、《矛盾论》各段，似不见精彩。去北海习拳，午后去百货大楼购茶叶、雨伞等回家。

5 月 26 日，写《我怎样理解辩证唯物论》一文，至午后写完。

6 月 1 日，早起去紫竹院散步、习拳，风景甚佳，回家进食，改稿。

6 月 3 日，晚饭后去蔚秀园看宽儿一家。

6 月 21 日，早起径去颐和园石舫习拳、散步，阅党史，思考写稿。

6 月 23 日，早起习拳于太平街岸，又去紫竹院，

206

阅书有得甚快。

7月1日，去北海习拳。阅列宁集《怎么办》一文。开始写第四章稿，后半夜2时起写稿。

7月10日，去北海习拳。党中央工作人员来访询陆定一往事，即谈说移时乃去，允为写出备用。

7月11日，北海散步、习拳，回来写陆定一之事，午后写完。党中央派人来取走。

7月19日，太平街散步。进食后，紫竹院看书、游散，经西四购切面回家。阅《世界通史》。晚饭后去郊外赏月。

7月24日，早起径去游香山，登山、看山甚满意，8时即回。午后写稿，去西单购物。晚饭后去北海习拳散步。

7月30日，早起去颐和园登佛香阁。阅列宁、斯大林《论中国》一书，甚有启悟。到蔚秀园看宽儿一家。

8月17日，晚饭后，在街上看大字报甚久，于某些情况有所了解。

8月23日，有南开大学二人来访问，即以郑毅生情况转询之，知无甚问题。

9月17日，游西山八大处，写稿一段。回家午饭之后，大改稿，有所增加。

9月22日，去西山看山绝佳，但一路有不如意事，写稿。

9月23日，去香山，复阅近稿。

10月1日，早起访熊仲光（十力先生义女），食月饼、鸡蛋。以《儒佛论》交其阅看，同散步地坛。访朱谦之还其书。午后去恕儿家，小坐即出，回家晚饭。

10月5日，去香山登山、习拳。

（按：每天游山、习拳，与自然交好，此乃长寿之诀窍也。一般人做不到。）

10月19日，闻丰子恺被斗。

10月26日，访申府，为其谈宗教问题。

10 月 29 日，李雪昭来，以毛主席近语见示。

11 月 30 日，有人来访邹平事，答之。

12 月 26 日，今日为毛主席生日，早起写稿，晚饭后，购红葡萄酒一瓶。

12 月 28 日，收周植曾香港来贺年片，附有数语，知唐君毅在港。

1968 年

1 月 1 日，10 时赶赴蔚秀园看两儿及诸孙。

1 月 15 日，阅马、恩、列各书。

1 月 25 日，有人来访询菏泽事。

1 月 26 日，阅《列宁主义基础》。

2 月 5 日，抄前年写致毛主席信。

2 月 13 日，写十三章新稿，去颐和园习拳。

4 月 24 日，中午孙健等二人来言，我被划为"右派"，嘱多劳动，少出门，远出必须请假。

5月1日，早起扫街为例。（按：最近又开始记有扫街了。）

5月4日，早起扫街，习拳于潭岸，8时去政协取工资。（午后）2时同树菜赴群众会，抵会场乃知，我亦在被斗之列，思想上颇有斗争，最后决定服从。会后尚被押游行，甚苦。回家后，又有广东来人黄某访查黄、麦等人1927年事。报告北屋后，勉强谈话，晚饭后早睡，腰骨痛，尚能睡。

（按：梁"文化大革命"以来被抄家后，一直无事。从此多事也。他曾于1968年写信上书，往下记有。）

5月5日，早起仍照例扫街。天气不佳，终日未出门。

5月7日，早起扫街，进食后校阅成稿。夜间醒来忽悟，自己心硬，对菜态度生硬，今后力改之。

5月8日，早起扫街，在潭亭习拳，进食后到新街口购菜及面包，写稿一段，午后休息再写。有科学院来人访询"少年中国学会"及"青年党"事,答之。

5月12日,宽、恕两儿来,谈至12时去,去时报告北屋。(按:此时已被"专政"了。)

5月24日,午后2时街道群众会,斗席淑华,4时30分回家。陈维博来通知十力老兄在沪病故(似是昨日事)。写答田慕周一信。

6月8日,早起扫街道到南头,未见有人助扫。

6月10日,早4时起,提前扫街,地段长又多马粪等,至6时乃完。仍无人指定地段,即以此写入第七次报告中,8时交孙健。去新街口剪发,归来后党中央来人嘱将去年所写陆定一的材料缩写一份。当即缩写付之。

6月17日,以第八次报告交孙健。

7月7日,左右邻均动手移居,北屋办公室亦将迁移,不便多问其故,写第十一次报告。

7月8日,星期一,早起如例扫街,活动身体后,写稿至146页。忽被通知亦要我移居。晚间写发大中、星贤、谦之、培恕、慕周、艮庸 6 封信，皆报告移居事。曾到新革会请求缓移，范同志许缓至星期三。

梁漱溟书呈（摘录）

总理并转主席赐览：值兹公等日夕忙于无产阶级"文化大革命"运动指导工作之时，我若以个人小事上渎尊听，便是不知耻。然我岂不知耻之流？今日之事，自信有别于他者。我自童年以来，妄以解决社会问题（或云中国问题）为己任。此一生未尝一日为身家之谋。在过去盖多出于个人英雄主义的狂气，这有愧于无产阶级革命英雄主义的一片纯诚，不存有我念。自经 1953 年 9 月中央政府会议席上发言狂妄，受到主席训斥后，对于主席斥我为"伪君子"者，既有所觉悟，便时刻自勉于向无产阶级而改造。故今日之事，自信不属个人小事，而实与无产阶级

"文化大革命"运动有点关联。我一向深有味乎老中国文化之特殊（1950年我初到京时，主席曾提议设立中国文化研究所或成立世界文化比较研究所，当时总理且曾嘱我提出计划和预算）。今者世界无产阶级革命不发自无产阶级夙有根基之欧美资本主义先进各国，而发生在列宁领导的俄国革命，现在却又出现修正主义，而完全背叛。独我中国在主席领导下走出一条无产阶级革命的中国道路来，成为无产阶级世界革命的旗帜，此因果关系，能说与数千年老中国文化无关乎？我近年正从事于此问题之研究，写出约一百五十页（每页五百字）。（中间空白七行。）

1966年被红卫兵小将抄家后，虽居斗室之中，每日写作未尝稍息，顾今日竟陷于不能写作之境地，此即冒昧陈情，敢以上渎尊听者。

事情是这样的：1966年8月被抄家，所有书籍、衣物全行抄没，对我个人却无批无斗，虽仅有斗室容膝，行动未失自由，向朋友借来书籍或往图书馆阅书，仍得进行研究和写作如是者一年半有多，近4月24日忽奉街道上通知，说我被划为"右派"，应受群众监督管制，且在斗争其他坏分子时陪斗一次，只高呼"打倒右派"口号，全不说"右派"罪行何在。我在1957年"反右"时，固未涉入"右派"问题也。自此行动即受限制，不得访友借书，但仍力行研究写作不辍。最近7月8日忽奉街道通知，随同邻住之邻家迁出旧居，而指定给我住之东屋，夏日夕阳太强，又窄小，不透气，蒸热如死，眠食俱废，以七十八岁之衰年，而不食，其何能支，到此乃真不能工作矣，此即敢上闻之实情。

在无产阶级专政下，我既被"右派"之名，一切只有服从，但究竟我之被划为"右派"，是何时决定的，缘何有此决定，出于何方面讨论决定，一切不知。此事向街道上问不出，但我感觉到居民委员会对我并不像计无所出，亦不容请问，我想我之为人，主席、总理早有了解。今日之事，给我工作机会或否，我愿听凭主席、总理的处理，我不作任何乞求。

1968 年

11月8日（按：从此接上记起。未扫街了。），早起去西华门购油饼等回家，即未出门。天气突然大冷大风，写稿所成有限。

11月9日，早起在西华门购馒头、油饼等回家。进食后写稿。赵春生来送文淦所赠食品。下午出去两次均不远。

11月12日，早起在天安门散步，写稿，午饭后，在北海散步习拳。

11月15日，早起在鼓楼进食，散步到天安门。写稿结束第十八章。午后去北海散步习拳。

12月3日，有黑龙江来人访询邹平菏泽事，答之。午后有人来访"农民党"等事，以不知答之而去。

12月12日，有海军人员两人来访询邹平事，答之。顽童恶作剧颇久，菜出洗澡，6点后乃回。

12月15日，顽童仍有来的，不多。

12月18日，开始写第二十章。

1969年

1月1日，早7时后起，进食于家。写稿改稿，午饭后访鲜恒。

1月2日，阅马克思《论印度》有得。

2月1日，早起去换车月票……

2月17日，旧历新年，抄稿至160页。访谦之，还其日本书三册，知其已集中城内学习不回家。

（以下突然出现，记有1968年8月事。）

8月1日，早4时起，去紫竹院习拳散步，回家进食……

（由此可见，上书可能是7月底写的，8月后未谈被"专政"等事。）

8月5日，早4时起，8时在政协领工资。兑艮庸40元、田镐50元，回家午饭，有人来访山东的事。

8月7日，早4时起，去紫竹院散步、习拳、阅书。

8月25日，因昨晚被通知，今早8时要去革委会，提前去紫竹院并早归，进食后赴会，乃知参加劳动而已。缺乏准备，因回家放下东西，未再赶上队伍，怅惘而返。

1969年

4月26日，阅报纸有"九大"闭幕公报。

4月27日，早起出购油饼，去紫竹院散步、习拳。

4月30日，政协来人送明日天安门观礼证件，且将有车来接。晚饭在百货大楼购花生米。

5月1日，去紫竹院散步、习拳。9时回家写稿第二十四章开始。午后去鼓楼一转。6时车来，同车多不识，观礼台上百分之九十八皆不相识，夜12时始散会回家。

5月10日，去北海习拳，忽被顽童抢去手提包，钱币、布票等皆在内，追之不及，报告派出所时，竟有两个儿童亦称被抢。

5月16日，北海派出所来电话召我领取所失财物，居然大致收回。

（6月份停记，空白。谓迁移后觅日记本不得云。）

（又由1968年7月10日记起。）

夜3时起收拾一切，迁居铸钟厂41号，疲劳不堪，天热异常。

7月11日，仍4时起，清理移来之物。进食，香山公园访马同志。

7月24日，早起到紫竹院散步、习拳。第十八章题定《古先中国人理性早启》。

218

（下接上1969年6月1日起。）

6月11日，早起去天安门散步，阳光美景可爱。回家进食，写稿有得。午后写稿，去紫竹院散步。回家吃饭，陈维博送来《扁鹊心传》一书，阅之至夜。

7月1日后，无特殊事，大体如下：

早起到公园散步、习拳，买什物、菜、水果、食品等，回家写稿、看书。访友，看望子孙辈，接待来访者。

（以上日期比较乱。）

（以下第四册，1969年8月1日起。因时间关系，不能多录了。）

10月1日，8时有车来接。同车为周士观，"五一"观礼没有他。9时登台，台上人数倍于"五一"，但熟人仍只数人如"五一"也。12时回家。晚7时30分再去参加晚会，10时回家就寝。写发恕儿一信。

11月3日，政协来人通知，晚6时30分开会。4时而往，则军代表约集谈备战问题，嘱勿信谣言。

9 时回家。

11 月 26 日，去民族学院访于道泉，逢遇吴文藻，知潘光旦去世两年矣。

1970 年

4 月 30 日，傍晚政协送来天安门晚会请帖。

5 月 1 日，早起进食后，去东城访沈有鼎，取回我稿，又借书 3 册。回家陈维志来，与之谈话颇久。午后陈维博来说瑞山老人已故矣。6 时有车来接至政协，会见同人 16 人，有赵朴初、周培源等，晚饭后回家已 10 时矣。

5 月 20 日，政协职工 3 人来问住房问题，闻毛主席发支持世界反美声明。政协送来明日天安门大会请帖。

5 月 21 日，早起天安门散步，游行队伍将集中，各路汽车停驶。回家后政协来车接去天安门，同车为翁、钱、范3人。12时回家午饭。

6月1日，政协学习发言清楚，反响不佳⋯⋯

6月2日，写稿《人心与人生》第八章大致完成。

6月4日，2时往政协，宋某出恶言，领工资归。

6月13日，写稿第九章开始。

7月4日，发赵朴初一信。

7月9日，午后去政协学习小组发言（引据恩、列著作）。

7月25日，到政协听李代表传达中央文件。从下周起逐日讨论，遇赵朴初谈数语。

7月31日，到政协，读写出之稿（修改宪法上意见）。

8月1日，讨论宪法作结束，到张申府（家）午饭。

9月19日，政协等方面会同接收发还我的家具等件，在地安门内信托商行拍卖掉⋯⋯只有大写字台及书架等拉回家，收入80余元。

9月30日，游西山，存银行100元。

10月1日，早7时30分有车来接到政协，政协、人大，许多人齐集同去天安门观礼，回家12时30分。饭后休息，散步于体育场东路。晚饭后，有车来接去天安门参加晚会，9时余回家。

10月15日，早起进食后，访章行老，谈往事，托王秘书借英文柏格森《创化论》。

10月24日，王秘书来送代借之英文《创化论》，可感之至。

11月4日，阅英文《创化论》甚吃力。

11月7日，早起看中英文《创化论》。

11月16日，到政协看《山本五十六》，日本军国主义复活的电影。

1971 年

1月1日，看中英文《创化论》。

1月14日，到政协学习会。众要我讲杨献珍问题的两篇论文。回家阅两文得其大旨。

1月18日，与同人讲两文，约一小时又半。

1月21日，访章行老略谈，同时以英文《创化论》还王秘书。

1月23日，写《人心与人生》第十章。

1月27日，旧历元旦，有假期三日。陈氏兄弟相继来……去王府井一转，经朝阳菜市场，购西红柿回家。雪昭夫妇及其长女来。

5月1日（照例），晚饭后7时去天安门参加晚会看焰火，提前回家9时。

5月13日，发王秘书一信，借《唯识论》一书。

5月15日，晚间，陈维志来，为谈章太炎、章行严两先生事。

5月16日，晚间陈维志来，为谈章行老、张镕舅故事。

5月30日，维博遇王秘书，携回《成唯识论述记》两套，阅之。

6月27日，晚饭后，对陈维志说，我退出现实政治，辞民盟秘书长。

8月3日，9时访章行老谈两件事（时局及刘绍光）。

8月11日，遇刘绍光于途。

9月17日，闻国庆游行停止，而备战云云。

10月29日，章行老赠《柳文指要》，略一翻之。

11月4日，参加政协学习。回家午饭，宽儿来，饭后漫谈林彪问题，乃非吾所料。

11月22日，去北京图书馆查阅《马恩全集》，有所抄取。

11月25日，在政协学习，发言一小时半，宋、朱仍不肯服。

12月5日，维志购来郭著《李白与杜甫》，阅之，甚费时。改稿写一些。

12月31日，写发冯芝生一信。

1972年

1月1日，早4时起，天气佳……

1月15日，访章行老，知其入医院，归家即发一信去（转稿事）。菜出购物。再写稿。

（见面于9月8日可知转稿事。）

3月2日，早起思考写稿。去政协学习，未发言，先退。访张申府取得一部分《参考消息》。回家午饭，阅章著《柳文指要》，费时不少。

（按：以上未见谈政治学习之事。）

4月23日，早起写好致黎劭西信，维博来即嘱其连《人心与人生》稿抄本送去。

4月30日，去北大医院检查身体。血压：低压68度，高压110度。据云正常。心电图查得心脏与青年人一样有力。遇费孝通。

6月1日，看《龙江颂》。

6月2日，看《红色娘子军》，遇朱蕴山。

6月9日，访章行老，未出院。

7月13日，到政协学习知识分子问题。

7月19日，政协车来接，仍同杨、徐赴会，听传达文件（有最近一件关于陈伯达的）。

8月1日，去政协，仍同杨、徐一车。听于、陈等发言。申府来即同取百元借予之。

8月3日，仍同杨、徐一车到政协开会。（之后皆同杨、徐等同车开会。）

8月17日，以车赴会，听传达中央文件（以给江青信为主），未完。

8月21日，访王益之，未见章行老而回。

8月28日，访章行老未晤面。

9月8日，午后访章行老，略谈送稿于主席事。

9月9日，写致章老托转主席一信发去。

1973 年

5月4日，阅胡适妄谈"禅宗"之文。

5月7日，张申府还我百元。

5月10日，汽车来接赴北京站，统战部刘代表来送行，10时前开车。

5月11日，8时抵郑，下车有省市统战人员来接，住中州宾馆。午饭后开会商谈参观计划。

5月12日，参观市容，登"二七"罢工纪念塔到顶层。晚看南阳曲剧于军医大礼堂。沙千里来小坐。

5月13日，听省政方面工农生产情况报告。看《红旗渠》电影。

5月19日，乘飞机4小时抵广州，住广州迎宾馆。

5月20日，开会宣布留此18天。去佛山、东莞、肇庆三处，然后搭火车去长沙。

5月21日，参观广东手表厂。

5月22日，白云山游览，风景甚佳。

5月23日，散步到六榕寺门前。

5月27日，阅报知章行严到港，又阅连日《参考消息》颇多要闻。

6月1日，去佛山。

6月2日，去肇庆。

6月8日，早8时抵长沙，进食后即就卧，方、周、董三公来晤，未起迎。午后分访方、董二公及周世钊，周为道腴先生之侄。谈黎劭西、章行严诸老之事。

6月22日，晚近9时抵京。

7月12日，赴八宝山公祭章行老，遇多人。

8月1日，阅《王鸿一思想自述》。乘车赴会，程思远、王克俊发言均好。

8月24日，遇鲜恒回家谈时事，知统战部成立小组，王洪文特邀高赏。

9月18日，仲瑜有信来云：美国学者正在研究我的学说，将出版。以《中国文化》一册及答仲瑜信付功纯，他将于下月回杭也。

1974年

1月3日，阅书，将着手写《今天我们应当如何评价孔子》一文。

2月2日，星贤约艮庸同来谈"批孔"事。

2月17日，早起写"答友批孔"一文，仅开头。

2月19日，早4时起，准备发言。以《敬答一切爱护我的朋友，我将这样地参加批孔运动》为题写新文。

3月24日，写《自学小史》补文。

7月14日，阅新译《天演论》甚好。

7月15日，写稿有悟于西洋人走自然生存竞争过程，即物理之路，而中国走伦理过程。

7月29日，赴会，王芸生发言批判占去全部时间，我欲有言未得。

8月31日，早起思索孔子在中国历史上的位置……

11月21日，赴清华参观，听报告生动，设校办工厂、工农兵学员毕业成绩展览，均好。

11月22日，与孙同赴民族宫座谈会。

12月3日，取出东方学术旧稿阅之，尚可存，但仍须另写。王星贤来坐，借去"评孔"一稿。

12月4日，早4时起，准备发言稿，同杨一车赴会，发言后引起反响。

12月6日，夜来恍然有悟，思之思之，鬼神通之，决先写道德一章。

1975 年

2 月 5 日，阅《世界文化史》。

3 月 12 日，写改十九章稿，至午完工。

4 月 7 日，与杨同车赴会，漫谈蒋死与台湾问题。

5 月 21 日，写评李卓吾稿。

5 月 24 日，开始写第二十一章。

6 月 17 日，访张申府。

7 月 10 日，早起写《书成自记》未完。

7 月 12 日，改《书成自记》。

7 月 26 日，写稿（第二章）。

8 月 24 日，第二章儒家完，送交张申府《人心与人生》全三册，得回信。

8 月 26 日，准备写第三章。

12月2日，思索写"佛学"一章。

12月30日，写第三章"论学术"。

12月31日，访岳美中，谈及我稿云抄存其道家一章，春秋二分，冬夏二至，对于人生命之关键性。郭子化最近冬至身故。

1976 年

1月6日，思索写稿，阅"评孔子"一文，可用于新著。

1月7日，阅《人心与人生》抄本。

1月9日，听到周总理逝世广播。车来同杨赴会。群众悼周公，申、于发言后，我发言。回家午饭，闻街道开会，群众亦有哭者。

1月10日，收香港胡时三信，写回信。思索自己检讨发言。

1月12日,赴会,检讨自己上次发言态度不端正。补充重庆紧张工作一段。

1月14日，赴会，王芸生提到周公遗嘱及赵朴初悼诗甚好。

1月16日，赴会，陆殿栋在悼周总理致词中，不能毕其词而病倒，送医院，随即散会。

1月30日，阅旧著《民族自救》甚好。

1月31日，旧历元旦（家人团聚）。

2月9日，赴会，宣读中央一号文件，谈代总理华国锋事。

3月5日，炳汉来谈，取去年谱资料及评孔稿。14日，张炳汉交回我稿。

4月2日，赴会，听人发言，回家午饭。去天安门广场，纪念周总理，潮流甚盛。

4月7日，维志来谈天安门情况及他见工人、民兵夜守公园。午后袁来说天安门情况。

4月8日，闻中央新决议二项，时局进一步。

5月15日，写《宗教与科学》。

5月18日，写稿（毛主席晚年）。接政协电话，明日下午有大会。于、王二公来长谈，劝勿固执不到会，允之。

5月19日，赴会纪念（"5·16"）。

6月9日，阅1950年旧作《中国建设之路》可存以示后。

7月2日，写致吴古玉信，嘱其念佛。

7月6日，兑上海田25元、杨清15元。袁昌来，付以吴古玉20元。

7月28日，早4时前地震，波动颇大，人多奔出户外。

7月29日，今日雨止天晴，地震时有不大。

7月31日，出避外棚下，至5时天明乃回家。

8月17日，荣病不减，次日稍松。

8月23日，赴会，谈地震。

8月24日，搭棚者又纷纷矣。

9月9日，访星贤，归途闻毛主席病逝。

9月10日，早起听广播毛公逝世讯，车来同杨一道赴会，有赵、王、杜、宋、朱等发言。

9月12日，写出明日小组会发言稿。

9月13日，赴会，赵朴初有反响。

9月17日，赴会，宣布明日追悼大会的安排。说我在家不必出。街道"革委会"李同志来坐，约我明日看电视广播大会实况。

9月24日，恕儿来谈，国庆停止，追悼延长，成立军事小组（陈锡联、华国锋、毛远新）。

10月1日，杨公庶来拉我去开会，会上人多。沈雁冰到场，仪式郑重。

10月6日，车来同杨一道赴会，对我专攻，未及发言。

10月15日，准备赴会，忽电话传停止。继续写稿。

10月17日，荣学佛，嘱诵金经，略为解释。

10月31日，旧重九，客人多……（生日）

11 月 3 日，开始写访章老谈话记。

11 月 5 日，赴会，听宋谈华主席事。

11 月 13 日，维志来嘱其送信与缪云台（北京饭店新楼）。

11 月 17 日，收香港周植曾信，内附致陈锡联副总理一信，当为加封转去，并答周一信。

11 月 21 日，颂华来谈及乔冠华事。晚饭后，缪云台派车来接去谈至 10 时回家。他将去昆明。

11 月 24 日，续写延安谈话（1946 年）。

11 月 26 日，饭后去看培恕，乃知艮庸于昨晚 7 时 40 分身故。

12 月 3 日，去八宝山为艮庸开吊，由民盟主持。

12 月 4 日，续写"与毛主席谈话追记"。

12 月 5 日，写回忆周总理。

12 月 7 日，政协赵李二人来询地震棚事，谢之。

12 月 15 日，赴会，传阅"四人帮"罪证文件。

12 月 31 日，结束《回忆周总理》一稿。

1977 年

1 月 2 日，政协看《洪湖赤卫队》尚好。

1 月 7 日，写 1950 年颐年堂晚间谈话，待续。

1 月 8 日，周总理逝世一周年，政协开各学习组联席会。

1 月 10 日，写"颐年堂谈话稿"告一段落。

2 月 4 日，写稿"追忆毛主席谈话"完。

2 月 9 日，写我《致力乡村运动的回忆和反省》。

2 月 17 日，收政协春节公宴请帖，及其他许多电影票。

2 月 18 日（初一），赴北京饭店大型茶点联欢会。

2 月 19 日，写毛主席谈话补遗两则。

2 月 25 日，写毛主席的法律观，未完。

3 月 21 日,赴联组会,听人发言。阅读"四人帮"丑史一巨册。

3 月 30 日,写完《社会主义革命在苏联失败的朕兆》一长篇文章。

4 月 5 日,写我与蒋介石见面事。

4 月 11 日,听李先念讲话及报告(传达)。

4 月 15 日,在政协,据闻将发《毛泽东选集》五卷。

4 月 16 日,袁昌来谈,因《毛泽东选集》五卷出版,有所建议于我。于是着手 1953 年 9 月事情之叙述文,将写信给党中央,而以此附件。

4 月 17 日,早 1 时起,写续昨稿至 6 时休息,进食,再写完。恕儿来谈,不主张写信给党中央领导,维博则坚持写信,最后折中写给统战部,信稿送星贤一阅,又送袁昌阅,有意见提示。

4 月 18 日,早起未及下地,星贤忽来,建议慎重写信,于是改写统战部信。车来同杨一道赴会,以所写统战部信,遍示会上各位求指教。朱、宋、王、米各有词，以谦应之。回家翻阅第五卷甚久。

4月25日，早起写一笺，以我1953年9月事情一文送周振甫阅看。

4月26日，周振甫来谈，还我稿件。

5月4日，访张伯驹，似禅净兼修，但文人习气，务为诗词。

5月6日，赴会，读华国锋文章。

6月6日，赴会，我照稿发言，尚好。

6月22日，早2时起，邀棻谈话，年纪已到，为日无多，相约不生气恼，对于连芬亦不吵闹。

7月6日，统战部长乌兰夫与大众见面，态度平实，没有发表讲话，小坐而去。

7月22日，赴会听传达三中全会（十一届三中全会）的决议（邓出台，"四人帮"罪状等）。晚间有庆祝。会中遇朱蕴山、叶圣陶，各致数语。

8月1日，政协通知，8月份学习暂停。

8月4日，写随笔一段（袁世凯、段祺瑞），看佛典就睡。

8月20日，续增补民国初年政史。

9月21日，阅星贤著作《孔子诛少正卯辨》，极见证据充分。

9月22日，跋星贤辨孔子杀少正卯之文。

10月1日，晚饭后，车来，去天安门观礼，在最下层，感叹今昔之差（昔与毛、周同在城楼上也）。早退，休息于车中，回家9时多。

10月12日，星贤借去"评价孔子"一文。

10月13日，写阎锡山、冯玉祥之事。

10月15日，去毛主席纪念堂瞻仰遗容。

11月17日，续写杂稿（陈绍禹）。

11月19日，写稿（陈绍禹事）。

12月29日，近代史研究所郑同志来采访周总理生前事迹，约1月4日再来面谈。

1978 年

1月2日，杂稿（宋哲元）完。

1月4日，刘、郑两人来谈周总理事迹至5时。

3月1日，程思远动员我发言，急急准备，发言反响不佳。自叹独立思考、表里如一之难。午后列席人大会议。

3月2日，小组讨论宪法修改。

3月3日，讨论宪法，午后政协韦国清主持并作报告。

3月7日，午前午后均小组会，我发言反响不佳。叹息反省而已。

3月8日，午后政协大会胜利闭幕。

3月16日，写《论朱子》大体定而未定，维志来编订年谱。

3月22日，统战部派人来调查居住事。

3月27日，早起草致齐燕铭信未成。赴会听程思远发言。

3月28日，续写致齐燕铭信未成。

4月17日，赴会听聂真传达中央文件，一切"右派"均大解放，十分彻底，且将成立机关清结一切。

4月26日，赴会，漫谈文字改革问题。

5月3日，早起写致胡乔木信，连同旧著抄本一册携至政协交秘书处转送去。

5月9日，写《佛法与世间》一稿。

5月13日，写《宪政与专政》一稿，先写出8条，待续。

5月15日，赴会宣读发言稿8条，朱、程发言，不答。

5月17日，早发信，维志嘱代购安眠药。

5月22日，赴会，王芸生发端，对我批判，其余诸人继之。一概不答。取回我《宪政与专政》一稿，又取得大会集体相片。

5月24日，赴会，王芸生诸人批咒久之，听之，不发一言。

5月29日，车来赴会，不意入门时头撞车门，伤重血流不止，立送医院急诊绑扎。忆十七八年前，曾有同样事情。

5月30日，政协李副秘书长及联络科长来坐。

6月16日，车来赴会，忽有民盟张毕来等多人参加，对我批判，略答一二语。

6月23日，夜来失眠，请假不赴会。

6月30日，赴会，听他组批判。

（按：近几月少有早游公园了，失眠，受批判。）

7月3日，洗足休息，未忘念佛。

7月5日，赴会，听李一氓作南斯拉夫报告。

7月24日，阅《古文观止》。

8月1日，故宫看画展，又入景山一转。阅毛文，叹服其人不可及。

8月2日，取出旧著阅之，自念今不能著作矣，精力不济也。

8月6日，收政协一缄，不赴。

8月18日，止杂稿（民初见闻），一意诵经。

8月22日，写发齐燕铭一信。

8月25日，早4时起，写给齐信完成，车来赴会，得电话齐在医院未得晤。

8月30日，阅《民国演义》，费时甚多。

9月15日，去北大参观，先听报告，遭受迟群破坏情况，后参观图书馆等处。

9月17日，早起写稿《〈李任潮自述〉书后》，10月3日送民革中央。

9月30日，收国庆宴请帖，晚6时余同李、张、王一车同赴会，为我特备素菜甚丰。

10月1日，培恕全家来，谈笑甚欢。

10月8日，政协来谈住房问题。

11月6日，赴会，谈齐燕铭功绩。

11 月 9 日，校改《儒佛异同论》。

11 月 26 日，早起恕儿、维志先后来，闻悉各街大字报对毛公批判。

11 月 27 日，赴会，听诸人漫谈满街大字报。

12 月 1 日，听聂真传达报告。

12 月 3 日，赴会，发言赞现状。

12 月 28 日，终日无人来，诵经如例。

1979 年

2 月 3 日，写早年思想一文，未完成。

2 月 9 日，赴会，听王芸生谈国际形势，甚清楚。

2 月 12 日，赴会，程思远谈甚长。

2 月 14 日，菜忽跌伤，左下肢颇严重。

3 月 6 日，菜病情加剧，忙乱至天将明乃入睡。

3 月 20 日，菜拒绝吃药，只有听之。

4月9日，去北海一转，登山费力，自知年老力衰矣。

5月6日，与张学铭赴会，忽遇叶笃义，欢然握手谈及往事，语我当年南京和谈，马歇尔称我是中国的甘地云。

5月9日，写杂稿（马歇尔）未完。

5月12日，游北海，感到人老腿先衰。

5月25日，写好（为孟宪光父子）我致统战部信，赴会时付政协秘书处转去。

8月28日，送来《北大学报》，有关许德珩瞎谈，即写发一信纠正之。

9月7日，视妻病则将气绝，急为穿衣裹身，同时电促恕儿夫妇来料理一切，颂华、维志亦赶到，胡真去东郊火葬场联系。次日来车即行火化。愚就寝为荣回向，诵地藏经，不欲睡，卒亦小睡而后醒。

9月21日，赴会，午饭有冯永明女士（约40岁）从伦敦来看我，谈甚久，有皈依佛法之意志。

9月24日，车来去政协同张国富去看木樨地新楼房，了解情况。

9月28日，张国富通知木樨地新楼房可以迁入了，答以我暂不能迁。

10月1日，阅港报一束，记我甚详，可讶。

10月3日，收上海田来信，并寄港报司徒丙鹤访我之谈话。

1980 年

1月8日，晚魏育遂来言美国某人正研究我，以《中国文化要义》赠之。

3月5日，政协开蔡先生四十年逝世纪念大会，遇周扬；列座主席台。

3月14日，收美国艾恺来件，同收魏育遂来件。

6月14日，逐日与美国女子在南京大学的研究生专以我为研究题的林琪谈话。有杜维明来信约谈，系加州大学历史系教授，赠我著作多种，知外国东方学之风气。

8月12日，美国人艾恺到家来谈，连谈多次，至17日同出吃饭于素菜馆，两儿及孙均随侍。

8月25日以前各事:（日记有断续）艾恺最后一次谈话，陈鸣在座聆取。出席华主席召开民主座谈会，晤费彝民、罗叔章、王昆仑、李维汉等多人。

8月26日，同秦德君去大会报到，领文件。

8月28日，政协开幕。邓主席作报告。

8月30日，列席人代大会，在湖南厅坐听叶剑英主席讲话。

9月1日，统战部四局二人来索履历。

10月18日，收法国留学生萧敬春来函，索先公生平资料，待细答。

12月，答法国留学生萧敬春信，多日听公审"林、江"案。

1981 年

1月30日补记如下：

文怀沙偕萧国昌来访问两次，谈往事。得知中央人事调整，甚妥。收艾恺信，约我游美，未决定。

（日记至此中断了，下又记。）

1981年5月23日补近日日记：中国新闻社郭瑞琴来记我经历事多次，整理后，再来核正。

5月23日，陶行知学生戴自俺、刘大作来谈，纪念陶先生90年事。

5月24日，为宽儿讲我与阎锡山往还始末。

新版后记

此书上次出版后，曾送梁老之子培宽先生过目，请其指教。后得来函指正多处，这次出版时已经补上，特此表示谢意。

再者，作者回忆当年与梁老闲谈时，其中有几件事，尚存于脑海之中，乘此再版机会，写出来以供读者参考。

冯友兰先生对为梁老立传的一点指示

1985 年秋，我到北京大学拜访冯先生，目的是想去向冯老请教，他对梁老先生的看法，或者说有何评论。

那天下午天气很温和，我到他家后，首先接待我的是他的女儿。说明来意后，她到屋里请出冯老先生。待坐定后，本人自我介绍并说明来意，请他谈谈对梁老先生的认识与评价。冯先生首先询问了梁老的健康和生活情况后，即着重指示说：为梁老立传，重点应该放在他的社会活动方面。话虽不多，其意味深刻！坐不多时，我看到他老人家精力不佳，不便多谈，于是起身告辞了。此次会晤，时间大约不过半小时而已。

大约半个月之后，我按计划又到了梁老家，彼此坐定后，梁老首先对我说：前些天冯友兰让女儿打电话来说，他身体不好，不能来看我，而是要我到他家会晤坐谈，并称他派车来接。梁老当时回答她说：车我也有，但我不能去。同日写一信给冯先生，说明为什么不能去看他：因为你在"文革"中谄媚江青，所以我不能去看你。梁老接着说：之后，是他女儿陪着他来看我，并向我解释那时的情况，形势之所迫，应付应付而已。

以上所谈的这件事，乃是我亲身经历之见闻，以供读者参考。后来是冯先生在其女儿陪同之下，拜访了梁老；访谈录中有记录，可供参阅。

1953 年 9 月后梁老的日常生活

1953 年 9 月，发生了"雅量之争"。这个问题之得以解决，人们认为在其关键时刻，得陈铭枢见义勇为、站出来向主席求情，梁才得以下台。这件事后来我曾向梁老请教。我说：过去没有听你提到过陈某这人。梁老说：我们来往较早，那时南京有个神学院，每年我都要到那里去进修，而他也常去，因此我们认识较早。这次他出来为我说情，这场风波才得以平息。

自此以后，梁老吸取教训，一改过去自持清高之气概，而虚心学习努力上进。用他的话来说，是"少说多做"。因此，在广西壮族自治区成立时，他被中央委派为代表团成员之一，回乡去做宣传工作，这使他深受鼓舞和教育。

之后，梁老的生活，闲暇时多用在自学和写作方面。有时也到东城章士钊先生家中坐坐。章老在他看来也算是老前辈了，听他讲民国时期的一些往事，若有不明白的事，即时请教。其次，章老家中藏书丰富，每次都借一些回家阅览，久而久之，与他家的秘书也熟悉了。有一次他还向这位王秘书建议说，应该为章老编写一部年谱才好。这位秘书说，章老不愿意，并指示说，这些事你们不要做。

梁老说罢章士钊，又提到另一位老人杨度，说这位先生晚年住在上海，人称虎禅师，性情古怪！据说他在屋里坐着，若有人打从他屋墙外经过，他能识别出此人是男是女，你说怪不怪！

以上所说的两个小故事，是梁老在聊天时跟我说的，顺手拈来以飨读者，以便了解梁老晚年的一些生活情趣。